寻 访 重 庆 爱 国 主 义 教 育 基 地（下）

中共重庆市委宣传部 / 编

图书在版编目（CIP）数据

红色印记：寻访重庆爱国主义教育基地：上下辑 / 中共重庆市委宣传部编. -- 重庆：重庆出版社，2023.6
ISBN 978-7-229-16387-7

Ⅰ. ①红… Ⅱ. ①中… Ⅲ. ①革命纪念地—介绍—重庆 Ⅳ. ① K878.2

中国国家版本馆 CIP 数据核字 (2023) 第 046251 号

红色印记：寻访重庆爱国主义教育基地（上下辑）
HONGSE YINJI:XUNFANG CHONGQING AIGUOZHUYI JIAOYU JIDI（SHANGXIAJI）
中共重庆市委宣传部　编

责任编辑：燕智玲　袁婷婷
特约编辑：梁媛媛
责任校对：刘小燕
装帧设计：黄　丹

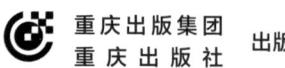
重庆出版集团
重庆出版社　出版

重庆市南岸区南滨路 162 号 1 幢　邮政编码：400061　http://www.cqph.com
重庆华数印务有限公司制版
重庆华数印务有限公司印刷
重庆出版集团图书发行有限公司发行
E-mail:fxchu@cqph.com　邮购电话：023-61520646
全国新华书店经销

开本：889mm×1194mm　1/16　印张：12.25　字数：340 千
2023 年 6 月第 1 版　2023 年 6 月第 1 次印刷
ISBN 978-7-229-16387-7
定价：76.00 元

如有印装质量问题，请向本集团图书发行有限公司调换：023-61520678

版权所有　侵权必究

前　言

爱国是广大青少年的立身之本、成才之基。党的十八大以来，以习近平同志为核心的党中央对青少年从小树立爱国之情、报国之志有着深厚寄望。习近平总书记曾殷切寄语青少年："作为一个中国人、中华民族一分子，一定要了解我们自己的历史""每天都可以想一想，对祖国热爱吗"。党的二十大报告指出，当代中国青年生逢其时，施展才干的舞台无比广阔，实现梦想的前景无比光明。广大青少年只有深刻认识和理解党和国家的光辉历史，牢固树立坚定的理想信念，才能为中华民族的伟大复兴贡献自己的一份力，成为第一个百年奋斗目标的经历者、见证者，争当第二个百年奋斗目标——建设社会主义现代化强国的生力军。

重庆是一座英雄的城市，拥有波澜壮阔的革命历史和丰富的爱国主义教育资源。全市的爱国主义教育基地是中国共产党的革命先烈们在巴渝大地上顽强拼搏、艰苦奋斗历程的见证，是最宝贵的精神财富。2021年，习近平总书记强调，红色资源是不可再生、不可替代的珍贵资源，要设计符合青少年认知特点的教育活动，建设富有特色的革命传统教育、爱国主义教育、青少年思想道德教育基地，引导他们从小在心里树立红色理想。我们要讲好红色故事，传承好红色基因，把习近平总书记的殷殷嘱托全面落实在重庆大地上，用党的科学理论武装青少年，用党的初心使命感召青少年，做青少年朋友的知心人、青少年工作的热心人、青少年群众的引路人，让青少年在伟大奋斗征程中谱写最动人的青春乐章。

为进一步加强我市红色资源保护利用，持续推进党史学习教育、"四史"宣传教育走深走实，充分发挥爱国主义教育基地的宣传教育功能，着力讲好中国共产党在重庆的革命故事、英雄故事、奋斗故事和传统文化故事，激励动员广大青少年厚植爱国之情、砥砺强国之志、实践报国之行，中共重庆市委宣传部组织编写了《红色印记——寻访重庆爱国主义教育基地》。全书分为上、下两册，图文并茂、活泼生动地展示了全市89个市级及以上爱国主义教育基地的基本情况、重要景点、参观线路等，创新采用互动体验的形式，引导广大群众特别是青少年前往爱国主义教育基地学习参观，自觉接受爱国主义和革命传统教育，用党的奋斗历程和伟大成就指引人生方向、激发报国壮志，用党的光荣传统和优良作风坚定理想信念、凝聚拼搏力量，用党的历史经验和实践创造启迪人生智慧、砥砺品格意志。

爱国主义是中华儿女最自然、最朴素的情感。我们要始终坚持以习近平新时代中国特色社会主义思想为指导，坚持把立德树人作为根本任务，坚持把中华民族伟大复兴作为光荣使命，用好红色资源、赓续红色血脉、弘扬优良传统，在意气风发的青少年心中厚植爱国主义沃土，激励他们以昂扬奋发的青春姿态努力成长为担当民族复兴大任的时代新人，让青春在全面建设社会主义现代化国家的火热实践中绽放绚丽之花。

目录 contents

01 主城都市区爱国主义教育基地

- 长寿区 02 狮子滩水电文化展厅
- 合川区 04 陶行知先生纪念馆
- 06 金子沱武装起义纪念园 
- 永川区 08 集成电路创业史陈列馆
- 10 永川区桂山公园革命烈士纪念碑（园）
- 南川区 11 南川区烈士陵园
- 綦江区 12 綦江博物馆
- 14 綦江石壕红军烈士墓
- 15 王良故居
- 大足区 16 大足石刻艺术博物馆
- 18 大足区烈士陵园
- 20 饶国梁纪念馆
- 铜梁区 22 重庆铜梁区博物馆

- 潼南区 24 杨尚昆旧居和陵园
- 26 民主革命时期潼南党史陈列馆
- 28 张鹏翮廉政文化展览馆
- 荣昌区 30 张培爵纪念馆
- 32 喻茂坚纪念馆
- 34 荣昌区『红色家园』
- 涪陵区 36 重庆白鹤梁水下博物馆
- 38 四川红军第二路游击队罗云烈士陵园
- 40 涪陵区烈士陵园
- 42 李蔚如烈士陵园
- 万盛经开区 44 刘子如纪念地

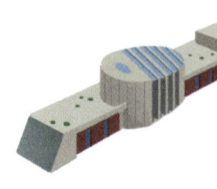

46 渝东北片区爱国主义教育基地

- 梁平区 48 梁平区文化遗产保护中心
- 城口县 50 城口县红军纪念公园
- 52 城口县苏维埃政权纪念公园
- 53 城口县红三十三军指挥部旧址
- 丰都县 54 丰都县革命烈士纪念馆
- 垫江县 56 垫江烈士陵园
- 忠县 58 忠县白公祠
- 奉节县 60 彭咏梧烈士陵园
- 巫山县 62 巫山博物馆
- 64 巫山县竹贤乡下庄村
- 巫溪县 66 巫溪县博物馆

68 渝东南片区爱国主义教育基地

- 石柱县 70 石柱县革命烈士陵园
- 72 石柱县中益乡华溪村
- 秀山县 74 中国工农红军第三军倒马坎战斗遗址
- 76 秀山县革命烈士陵园
- 黔江区 77 黔江区烈士陵园
- 78 万涛烈士故居
- 79 重庆市民族博物馆
- 酉阳县 80 酉阳县烈士陵园
- 82 刘仁同志故居
- 84 南腰界革命根据地
- 彭水县 86 彭水自治县烈士陵园

88 路线推荐　　**92 后记**

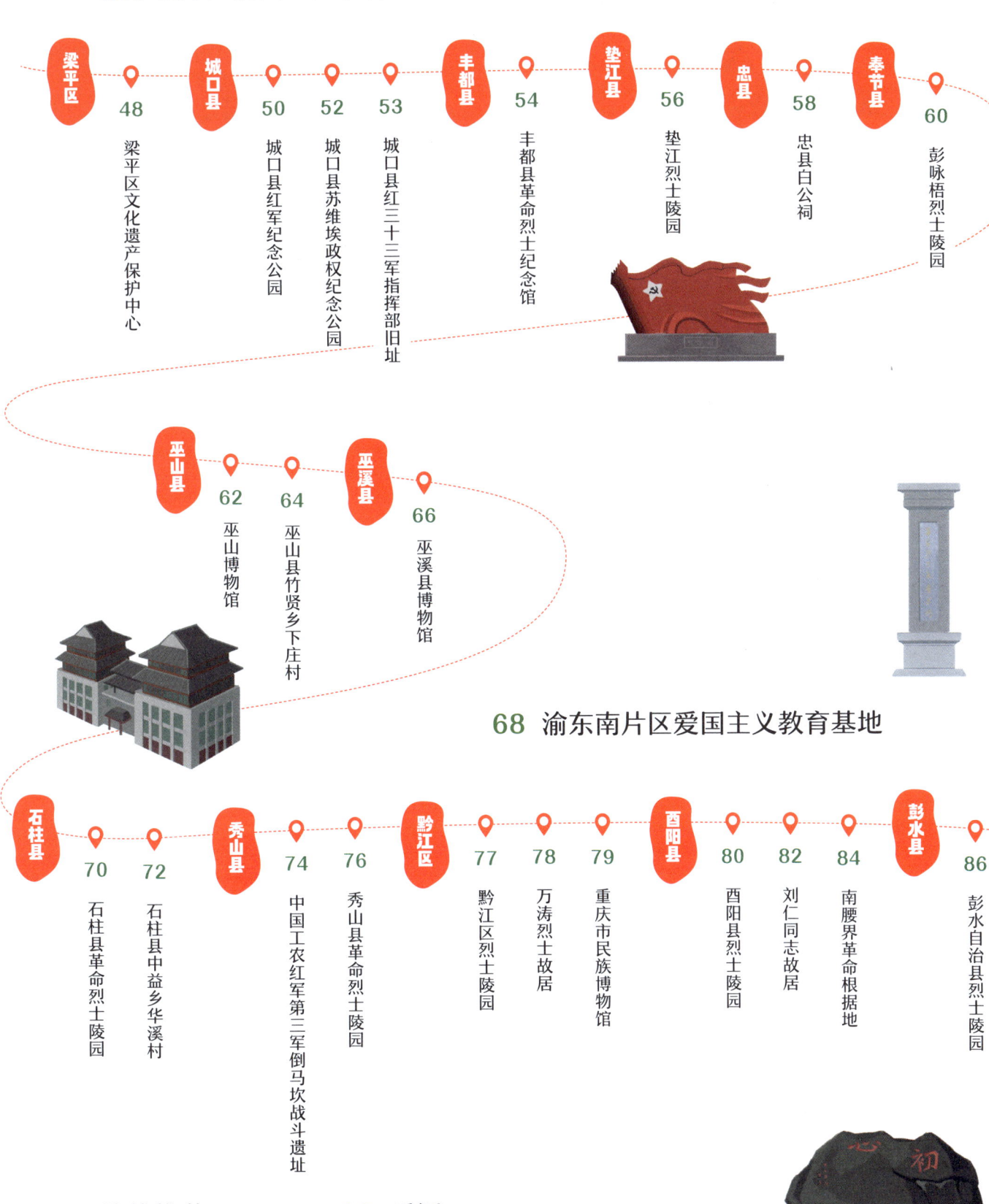

狮子滩水电文化展厅

长寿区 NO.44 第四十四站

精神财富

狮子滩水电文化展厅是目前重庆地区唯一的水电文化主题馆。拥有包括中国政府投资修建的第一台水轮发电机等近500件实物展品、300余幅图文和多个音视频。通过梯级样板、专家摇篮、基因传承、精神财富、模范人物、党建之光、科普展示等九个板块，多维度、一体化展示狮子滩水电的历史价值、社会价值、科技价值和文化价值：她既解释水力发电流程，又展示了当时中国工业水平；既呈现了我国首次全流域水利综合利用开发壮举，又展示了狮电为中国水电事业培养、造就和输送人才及其成长的历程；既再现了周恩来、朱德、李富春、李先念等老一辈党和国家领导人对狮子滩水电的情怀及其视察狮电的场景，又展现了水电人产业报国使命担当和爱国奋斗历程，激励人们不忘初心、牢记使命，继续谱写新时代的新华章。

TIPS

地理位置：重庆市长寿区桃花大道50号
开放方式：针对团队免费开放，电话预约参观
开放时间：周一至周五，9:30—11:30，15:00—17:00，节假日除外
联系方式：023-40275097，023-40275078

博物馆里的宝贝
桃花溪电站一号机本体

专家摇篮

狮子滩水电文化展厅的"镇馆之宝",是1938年开工、1941年建成发电的桃花溪电站一号机本体。这台机组首开全国先河,是中国政府投资修建的第一台水轮发电机。它在抗日战争中直接为兵工生产提供动力,是抗战遗址上的功勋机组。它身上还凝聚了水电专家黄育贤、张光斗、吴震寰等人的爱国主义情怀和艰苦创业的感人事迹,是中国水电事业开端的重要符号。

打卡任务

寻找中国政府投资修建的第一台水轮发电机,并与之合影留念。(线索提示:大家可以通过游览展厅找到它哦!)

达人攻略

 研学课程

这里有丰富有趣的"狮子滩水电游学基地课程体系",包括初高中历史、地理、物理学科的游学课程,中小学"水电文化探秘"综合实践课程,并正在开展学前幼儿的科普认知课程设计。大家可以通过这些有趣的课程,了解到很多课本以外的知识哦!

你知道吗?

狮子滩水电是新中国"一五"计划156个重点工程之一,是我国自行设计、自行开发、自行建设的第一座梯级水力发电厂,具有80年的悠久历史,中国水电史上许多元老级人物都是在这里起步的。据不完全统计,狮子滩为中国水电事业造就和培养的专家和技术骨干近2000人,因此狮子滩也被誉为新中国水电专家的摇篮。

解放初期,一大批共产党员来到狮子滩,在物资匮乏、时间紧迫的艰巨条件下,他们勇挑重担,在各个方面发挥了重要的带头作用,他们"独立自强、敢为人先"的爱国奋斗精神值得我们学习。

留言墙

基因传承

NO.44·狮子滩水电文化展厅

合川区 NO.45 第四十五站
陶行知先生纪念馆

社会组教室

TIPS

地理位置：重庆市合川区草街办事处古圣村8社
官方公众微信号：合川文物
开放方式：免费开放
开放时间：9:00—12:00，14:00—17:00
（周一闭馆）
联系方式：023-42465678

  陶行知，原名陶文濬，又名知行，后改为行知；安徽省歙县人，伟大的人民教育家、思想家、民主主义战士、爱国者，中国人民救国会和中国民主同盟的创始人和领导人之一。

  陶行知先生纪念馆位于合川区草街街道办事处古圣村8社，依托全国重点文物保护单位育才学校旧址建立，占地面积18850平方米，建筑面积6950平方米，陈列面积1050平方米，由新建陈列馆、育才学校旧址、逸少斋、周子池、碑亭5个主体部分组成。其中，新建陈列馆于2009年5月对外开放，是继南京晓庄、安徽歙县、上海宝山陶行知纪念馆之后，我国第四所且规模最大的陶行知纪念馆。

博物馆里的宝贝
陶行知为陶晓光出具的证明书

1940年，那是一个战火纷飞、民不聊生的年代，陶行知先生办学实在是举步维艰，他的次子陶晓光打算到成都一家无线电修造厂工作学习，为父亲筹集办学经费。可一进厂他就遇到非常棘手的问题，工厂要陶晓光出示毕业证明书。因为他确实是没有毕业证明书，为了像样一点，他绕过了父亲陶行知，向育才副校长马侣贤要一张晓庄学校的毕业证明书。当这张急需的证明书刚到手，他就接到父亲的电报，要他将证明书立即寄回。随后晓光收到父亲的信，父亲在信里说道："我知道你现在急需文件证明，特由我亲自写了一张，附于信内寄你，我们必须坚持宁为真白丁，不做假秀才……总之，追求真理做真人，不可丝毫妥协。你记住这七个字，终身受用无穷，望你朝这个方向努力，方是真学问。"父亲的这封信，让晓光在思想上受到很大震动。后来，陶晓光成为了一名无线电专家。

打卡任务

寻找"陶行知为陶晓光出具的证明书"，并把它拍下来吧！

达人攻略

育才学校旧址（古圣寺）

始建于明代隆庆年间，现存建筑为清代重建，结构对称，气势宏伟，是重庆地区格局保存较完整的寺院建筑之一。1939年7月，陶行知先生在此创办育才学校，为党培养和储备了大量革命人才，为抗日救国输送了大批骨干力量，是一处近现代史上具有重要历史意义的革命纪念建筑。

研学课程

纪念馆开设巧手之家、生活实践、小讲解员培训等课堂技能培训班11个，感兴趣的同学可以积极参与其中，不仅能够加强生活能力、提高综合素质，还能在实践中增强爱国主义情怀。

古圣寺大门

留言墙

陶行知先生纪念馆展厅内部

NO.45·陶行知先生纪念馆

金子沱武装起义纪念园

合川区 NO.46 第四十六站

金子沱武装起义纪念园正面图

金子沱武装起义纪念园俯瞰全景图

 **TIPS**

地理位置：重庆市合川区钱塘镇金子社区金钱路181号附1号

开放方式：免费开放

开放时间：8:30—18:00

联系方式：023-42572181

1948年8月25日，为配合解放战争正面战场，中共川东临委书记兼西南民主联军川东纵队第四支队政委王璞、司令员陈伯纯在合川金子沱领导发动了武装起义。先后攻下真静、金子、石盘乡公所，沿途经过激烈的黎家花园战斗、黄花岭战斗、三元寨战斗、木瓜寨战斗，在三元寨正式成立了"西南民主联军川东游击纵队"。声势浩大的武装起义震撼大西南，打乱了国民党反动统治的战略部署，是华蓥山地区武装起义的重要组成部分。

1998年，中共合川市委、市人民政府为隆重纪念金子沱武装起义50周年，为了缅怀革命先烈，铭记革命历史，不忘革命初心，传承革命精神，修建了金子沱武装起义纪念碑。金子沱武装起义纪念园由纪念碑区、主题故事场景雕塑墙绘区组成，总占地面积7200平方米。纪念碑区由纪念碑、碑前广场、碑后24名死难烈士墓园组成；主题故事场景雕塑墙绘区由雕塑、浮雕、墙绘等共计18幅组成。

金子沱武装起义纪念碑及碑前广场

你知道吗？

金子沱武装起义纪念碑坐北朝南，碑基座为边长1.9米的正方形、高0.825米，碑体高4.8米，系指起义时间为1948年8月25日；碑名是由原四川省委书记、省政协主席杨超题写的"金子沱武装起义纪念碑"，碑名下方的24颗五星，代表牺牲的24位英烈（碑体后面刻有起义的经过和英烈名单）；整个纪念碑采用四方形结构，表示当时有4个县参加起义。纪念广场二梯十八级台阶，寓意金子沱武装起义革命烈士的献身精神我们一定要发扬光大。

打卡任务

在正在打造的红色修身第一村大柱村蛮子洞红色研学营地，打卡体验"小小交通员——乡村夜间定向寻宝活动"。

达人攻略

📍 陈伯纯民居（洋房子）

该建筑始建于清末，开埠建市风貌建筑，砖木结构，歇山屋顶，二屋外挑回字形连续券外廊，带木质花栏杆，为重庆市优秀历史建筑。

📷 研学课程

依托金子沱武装起义打造的"红色修身第一村"大柱村，与金子沱武装起义纪念园是一个集红色研学、红色旅游、亲子游乐、田园休闲、乡村度假为一体的农文旅融合发展品牌。正在打造的"红色修身第一村"大柱村蛮子洞红色研学营地，设置特色打卡体验活动"小小交通员——乡村夜间定向寻宝活动"。

金子沱武装起义——突袭真静乡

留言墙

金子沱武装起义纪念园内战斗场景雕塑

NO.46·金子沱武装起义纪念园

集成电路创业史陈列馆

永川区 NO.47 第四十七站

二十四所员工姓名墙

李铁映同志办公室

1968年,国防科委以河北半导体研究所(现中国电科十三所)的第五研究室为主体组建成立固体电路研究所,并命名为中国人民解放军第一四二四研究所(即永川半导体研究所,现中国电科二十四所)。

为了昭示20世纪60—70年代我国电子工业工作者艰苦奋斗的峥嵘岁月,反映我国历来尊重科技、尊重人才的科学态度,激励青年一代继续发扬老一辈科研工作者在科学的殿堂里、在蜿蜒崎岖的高科技道路上奋力攀登的精神,由中共重庆市永川区委、中电科技集团重庆声光电有限公司及重庆城市科技学院共同筹建集成电路创业史陈列馆,最终于2018年12月8日在原中国人民解放军第一四二四研究所旧址(现重庆城市科技学院校内)建成开馆。

TIPS

地理位置: 重庆市永川区光彩大道368号重庆城市科技学院内

官方微信公众号: 集成电路创业史陈列馆

QQ号: 3478564825

开放方式: 免费开放,实行预约参观

开放时间: 周一至周五 9:00—17:30,周六日闭馆休息(法定节假日除外)

联系方式: 023-49481068

🌸 博物馆里的宝贝

中国第一块可实用硅单片氧化物介质隔离型 DTL 与非门单片集成电路

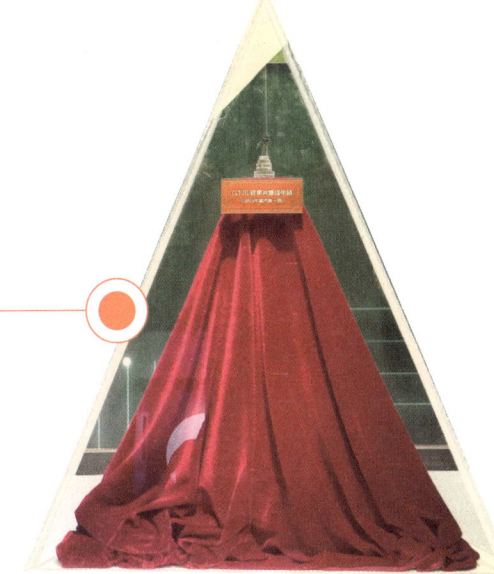

1965 年初，四机部召开全国微小型会议，会上决定由十三所五室配合北京一〇一五所完成我国第一台国产微小型化电子计算机研制任务。在临近该单片集成电路设计定型前一个多月，一〇一五所来电告知，改版后的集成电路样品无法正常使用。于是李铁映同志派出吴玉行同志到北京了解情况并对失效电路进行解剖分析。李铁映同志听完情况汇报后决定仍按原计划完成设计定型。但时间紧迫，来不及按规程重新制版。因此制版组同志们便直接在显微镜下对原母版相应位置进行修改，第二天便拿出了光刻用版，随即流水线 24 小时连轴运转。最终经过一个多月奋战，五室用 12mm×14mm 的硅片，共做出了 300 多块电路，成品率达到 33.6%，远超所党委 10% 的指标，按时完成了任务。

打卡任务

找到"一四二四所员工姓名墙"，与它合影留念。

留言墙

达人攻略

📍 李铁映同志办公室

该展厅展出了科研前辈使用物品，包括实木书柜，办公桌等展品及《微电子学》《固体物理》等多本书籍原件。力图用样貌重现的形式将参观者带入科研前辈的研究历程。

💡 一四二四所员工姓名墙

姓名墙以红旗为外形，大理石为基底，金黄色为墨，撰写出第一四二四研究所 2000 余人曾在职人员姓名，象征着在那一艰苦卓绝的年代，这些员工秉持红色革命精神对中国半导体事业的卓越奉献。

📷 研学课程

从开馆至今一直将爱国主义教育、党性教育、科技普及作为主要研学目标，通过线上和线下方式开展教育课程。

NO.47 · 集成电路创业史陈列馆

永川区桂山公园革命烈士纪念碑（园）

永川区 NO.48 第四十八站

永川区烈士英名墙

1991年3月，鉴于永川六处烈士陵园分散，不宜开展纪念活动的实际，应社会各界人士和广大群众的多年要求，为方便广大群众集中凭吊和深切怀念革命烈士，中共永川县委、永川县人民政府向社会号召筹集修建永川桂山公园革命烈士纪念碑（园）。同年11月动工修建，历时1年零3个月，于1993年2月20日竣工落成，占地面积4560平方米。

你知道吗？

桂山公园革命烈士纪念碑为正四边形，用登子条石砌成，碑座高5米，碑身高22米，碑顶边宽1米、为和平花。碑体正面镌刻"革命烈士永垂不朽"8个大字。纪念碑后的英名墙刻有831名全国各省、四川各地在永川牺牲的和永川籍革命烈士的英名。其中，全国各省在永川牺牲的革命烈士有72名，四川各地在永川牺牲的革命烈士有36名，永川籍革命烈士723名。英名墙两侧分别嵌有反映战斗场面的浮雕4幅，分别展示抗日战争、解放战争、抗美援朝、征粮剿匪四个时期英烈英勇雄姿。

2019年，在纪念碑后下方新建抗日战争及解放战争胜利浮雕，更加激励永川儿女时刻不忘革命先烈英勇不屈顽强拼搏的奋斗精神。2021年，区退役军人事务局对桂山公园烈士纪念碑（园）进行了全面修缮维护。

打卡任务

到桂山公园革命烈士纪念碑前与它合影吧。

 **TIPS**

地理位置：重庆市永川区玉屏路94号
开放方式：免费开放
开放时间：6:30—21:30
联系方式：023-49826009

留言墙

南川区 NO.49 第四十九站 — 南川区烈士陵园

长亭

达人攻略

长亭

长亭建于清光绪十七年（1891年），原建在回澜桥上，1958年修建公路时移至现所在地（南川区烈士陵园）。长廊并列，为抬梁式梁架，每边廊长22米，宽8米，高3米，34柱，重檐翘角。

研学课程

陵园在重要节日和纪念日，开展"赓续红色血脉 传承红色基因"英烈故事宣讲会，定期面向中小学生开展"社会主义核心价值观"教育，为各群体提供入队入团入党活动场所，不定期招募志愿者开展志愿服务活动。烈士陵园正积极发挥红色阵地宣教作用，成为未成年人接受爱国主义教育的重要场所。

打卡任务

同学们参观完后，在长亭前打卡留念吧。

南川区烈士陵园位于南川区东城街道办事处文化路136号，占地面积10亩左右，于1951年建立，1992年修复烈士陈列室。1993年被评为南川县爱国主义教育基地，2019年9月被评为市级爱国主义教育基地。现陵园内烈士纪念设施主要有烈士纪念塔、忠骨陈列室、礼台和左右仿古长亭。

留言墙

TIPS

地理位置：重庆市南川区东城街道办事处文化路136号

开放方式：免费开放

开放时间：8:30—11:00，14:30—16:30

联系方式：023-71689471

（陵园接待祭扫团体原则上每批次不超过20人，需提前两个工作日向烈士陵园办公室预约参观）

第五十站 綦江博物馆

綦江区 NO.50 第五十站

綦江博物馆 QIJIANGBOWUGUAN

綦江博物馆

綦江博物馆俯瞰全景

红色綦江展区

綦江历史文化厅

TIPS

地理位置： 重庆市綦江区古南街道农场社区
官方微信公众号 & 官方微博： 綦江文博
开放方式： 免费开放，实行预约参观
开放时间： 周二至周日 9:00-12:00，
14:00-17:00，
周一闭馆（国家法定节假日除外）
联系方式： 023-48690516

　　綦江博物馆位于重庆市綦江区古南街道农场社区，是展示綦江流域文化的综合性国家三级博物馆，重庆中国三峡博物馆的分馆，与中国僚学研究中心、僚学研究委员会合署办公。建筑面积3500多平方米，展厅面积2100多平方米。常设展览有序厅、地质厅、历史文化厅、石刻厅。2011年5月18日开放，年接待观众约12万~15万人次，是国家3A级景区、国土资源部国土资源科普教育基地、同济大学历史建筑保护中心西南实验基地、重庆市爱国主义教育基地、重庆市科普教育基地、重庆市人文社科普及基地。

🌸 博物馆里的宝贝

民国青花"请用国货"瓷瓶

瓷瓶上小下大，高33厘米，口径10厘米，青花，上颈部有"奠"字，下腹部有"请用国货"四个字。1904年10月17日，重庆总商会正式成立，在一定程度上促进了资产阶级革命运动在重庆的发展。綦江人民和重庆一样，发起反洋货运动，用祭奠器物宣传"抵制洋货"。该文物作为20世纪初期"实业救国"背景下的特殊产物，见证了綦江人民支持国货、发展生产的爱国情怀，是当时历史背景的重要见证。

海百合化石

海百合是一种古老的棘皮无脊椎动物，始见于寒武纪，生活在海里，有多条腕足，身体呈花状，故名"海百合"。海百合对环境要求非常苛刻，完整化石存世较少，此件更是一幅天然艺术品，形状酷似一幅天然的荷花作品，栩栩如生，具有较高的科研价值和考古价值。

达人攻略

📷 研学课程

为充分发挥綦江红色阵地作用，綦江博物馆推出了多种形式的研学课程：有自制的红色课程视频和红色资源展板、出版了相关红色书籍、举行相关讲座和知识竞赛、组织"重走长征路""缅怀革命英雄"等活动。感兴趣的同学可以去博物馆进行咨询哦！

你知道吗？

綦江，红色文化底蕴深厚，英豪辈出！这片热土演绎了很多动人心魄的革命往事。1926年1月，中共綦江支部建立，成为重庆地区最早的党支部之一；1935年1月，中央红军进驻綦江保卫遵义会议胜利召开；这片热土涌现了大批让人铭记的共产党人，有"革命启蒙老师"邹进贤，第一次反"围剿"中活捉张辉瓒的红四军军长王良，"霍氏三杰"（霍步青、霍锟镛、霍栗如），中华全国总工会秘书长、闽浙赣省委秘书长王奇岳……

赶紧去博物馆了解这片红色的土地吧！

留言墙

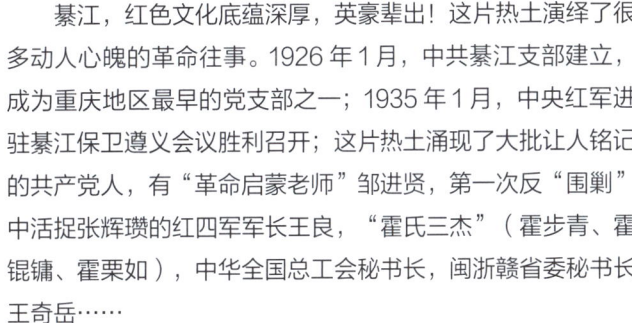

打卡任务

根据以下提示找出綦江博物馆的展品"海百合化石"，并与之合影。（线索提示：地质厅，化石，水墨画，荷花）

綦江石壕红军烈士墓

綦江区 NO.51 第五十一站

石壕红军烈士墓碑林

重庆市綦江石壕红军烈士墓是为纪念1935年1月中国工农红军红一军团长征途经石壕时英勇牺牲的5名红军战士而修建的。1976年至1979年，由市、县拨款，石壕区委、区公所负责，选址在石壕场附近的苗儿山麓修建了红军烈士墓和纪念碑。同年，将牺牲在石壕镇境内茅坝坪、柏果树和兴隆等地5位红军烈士的遗骸迁葬于墓内。

重庆市綦江石壕红军烈士墓是綦江区重要烈士纪念设施。1983年，被四川省重庆市人民政府命名为重庆市文物保护单位。1992年，经四川省人民政府批准列为四川省文物保护单位。2000年被重新命名为重庆市（直辖市）文物保护单位。2007年3月，被中共重庆市委、市政府批准为重庆市第二批爱国主义教育基地。2009年被重庆市委、市政府列入重庆市120处革命遗址、抗战遗址之一重点保护。2011年被评为国家2A级景区。2015年被重庆市人民政府公布为重庆市革命传统教育基地。

达人攻略

 题词碑林和红军长征宣传标语碑林

石壕红军烈士墓碑林共有83通，主要歌颂缅怀中央红军红一军团长征转战綦江石壕时的丰功伟绩。不怕牺牲、艰苦奋斗的精神作风，给当地人民群众留下深刻的印象。碑体材质风格独特，内容丰富，书画艺术风格精湛。

 烈士墓和烈士铜像

烈士墓布局合理，庄严肃穆；烈士铜像雄壮庄严威武，环顾四周，回顾当年红军长征途中，坚定共产主义理想信念，不怕苦，不怕累，团结互助，充满崇高的革命乐观精神。

TIPS

地理位置： 重庆市綦江区石壕镇交通路104号
开放方式： 免费开放
开放时间： 9:00—11:30，14:00—17:30
联系方式： 023-48406527，023-48740524

打卡任务

在石壕红军烈士纪念碑下拍照留念。

留言墙

綦江区

NO.**52**
第五十二站

王良故居

TIPS

地理位置： 重庆市綦江区永城镇中华村三槐坝社
开放方式： 免费开放
开放时间： 周二至周日 9:00—12:00，14:00—17:00。16:30 后停止进入 周一不对外开放，节假日除外
联系方式： 15826085592

王良故居正面全景

王良故居位于重庆市綦江区永城镇中华村三槐坝社，距綦江城区 21 公里。故居建筑始建于清嘉庆十年（1805 年），坐东朝西，四合院布局，穿斗式建筑，属晚清川东（现渝东）一带的典型民居。故居现分布面积 960.7 平方米，建筑面积 1108.7 平方米。

达人攻略

王良故居

故居始建于公元 1805 年，房屋坐东朝西，穿斗式结构，四合院布局，属典型的晚清川东民居建筑。为重庆市市级文物保护单位，重庆市优秀近现代建筑。

王良精神长廊

展示了王良学生时期文章 162 篇，原稿存于綦江档案馆。

你知道吗？

王良，1905 年 8 月 5 日生，綦江永城人。1926 年 9 月考入广州黄埔军校第五期。1927 年 8 月加入中国共产党，同年 9 月参加毛泽东同志领导的湘赣边界秋收起义，并跟随毛泽东进军井冈山。他在中国工农红军中历任见习参谋、连长、营长、纵队司令员、师长、军长。在跟随毛泽东创建、保卫井冈山红色革命根据地的战斗中，在红军第一、第二、第三次反"围剿"和红军东征福建、攻克漳州等多次作战中，他英勇善战、屡建奇功。1932 年 6 月 13 日，王良在率红四军回师赣南根据地，途经福建武平县大禾圩时不幸壮烈牺牲，年仅 27 岁。

打卡任务

故居正房及左右厢房均保存完好，左侧厢房为王良父亲的居室，右侧则是王良的居室。

请你找到王良的居室，并为它拍一张照片。

留言墙

NO.52·王良故居

大足石刻艺术博物馆

大足区 NO.53 第五十三站

大足石刻宝顶山大佛湾石窟第8号——千手观音

TIPS

地理位置： 大足石刻宝顶山景区：
重庆市大足区宝顶镇香山社区
大足石刻艺术博物馆展馆：
位于宝顶山景区内
大足石刻北山景区：
重庆市大足区北山路

官方微信公众号： 大足石刻

开放时间： 宝顶山景区（含圣寿寺）：
09:00—18:00（16:30 停止检票）
北山景区：
09:00—18:00（16:30 停止检票）
北山景区夜游：
19:30—23:00（21:30 停止检票）
大足石刻艺术博物馆：周二至周日
09:00—17:00（16:30 停止检票），
周一闭馆（法定节假日除外）

开放方式： 购票进入

联系方式： 023-43722268（大足石刻研究院）
023-43785774（大足石刻宝顶山景区）
023-43721274（大足石刻北山景区）

　　大足石刻是重庆市大足区境内所有石窟造像的总称，迄今公布为文物保护单位的石窟多达75处，造像5万余尊，其中尤以北山、宝顶山、南山、石门山、石篆山石窟最具特色。造像始建于初唐，历经唐末、五代，盛极于两宋，是世界石窟艺术史上的最后一座丰碑，代表了公元9—13世纪世界石窟艺术的最高水平。1999年，大足石刻被联合国教科文组织列入《世界遗产名录》。大足石刻根植于巴蜀文化沃土，在吸收、融合前期石窟艺术精华的基础上，推陈出新，极工穷变，开拓了石窟艺术的新天地，以鲜明的民族化、世俗化特色，成为具有中国风格的石窟艺术的典范。大足石刻中凝聚的深刻哲学思想、厚重人文精神，具有历久弥新的永恒价值，可以为人们认识和改造世界提供有益启迪，可以为治国理政提供有益启示，也可以为道德建设提供有益启发。

🌸 博物馆里的宝贝

大足石刻宝顶山大佛湾石窟第15号——父母恩重经变相

父母恩重经变相

　　宝顶山大佛湾石窟第15号，雕刻于南宋淳熙至淳祐年间。上部刻贤劫七佛半身像，下部中央刻"投佛祈求嗣息"图，左右连环画式地刻出父母含辛茹苦抚育子女的10组雕像，情节连贯，形象生动，感人肺腑，是佛教中国化后的造像。匠师们把父母养育儿女的辛劳过程，以写实的手法，跃然传神于石壁之上。将世间养育儿女的烦琐生活细节提炼为父母对子女的十大恩德，并且每一幅画面都是人们所熟悉的生活情节，使人们在观赏艺术的过程中，更加深刻地体会和认识生活。

转轮经藏窟

　　转轮经藏窟位于大足石刻北山佛湾第136号，雕刻于南宋绍兴年间。窟室中央屹立镂空的八角形转轮经藏。全窟呈对称构图，井然有序，正壁刻一佛、二弟子、二菩萨，左右壁各刻三菩萨，或坐或立、或正或侧，既可独立成龛又使全窟浑然一体。大部分造像至今保存完好，宛然如新，精工典雅，被誉为"中国石窟艺术皇冠上的一颗明珠"。

大足石刻北山佛湾第136号——转轮经藏窟

达人攻略

🗺 大足石刻艺术博物馆展馆

　　大足石刻艺术博物馆展馆建筑面积18000平方米，展厅面积5000平方米，是展陈世界石窟艺术发展主线和大足石刻基本特质的石窟寺专业展馆。展馆建筑设计借鉴了大足石刻建筑图像的元素，集中体现了唐风宋韵的独特建筑风格。馆内设有目前世界上最大的环幕影院，以全新的视角和放映技术，呈现大足石刻视觉艺术的一场饕餮盛宴。

📷 研学课程

　　2018年，重庆市旅游发展委员会公布大足石刻景区为重庆市研学旅行示范基地。与多个学校开展合作，开设专题讲座，加强学术交流。

留言墙

打卡任务

　　找出大足石刻宝顶山景区大佛湾唯一有木质屋顶的文物造像，并与之合影。（线索提示：造像头戴化佛冠，结跏趺坐于金刚座上，有近千只手臂。）

NO.53 · 大足石刻艺术博物馆

大足区烈士陵园

大足区 NO.54 第五十四站

大足区烈士陵园全景

陵园墓冢照片

大足革命烈士纪念碑

 **TIPS**

地理位置：重庆市大足区龙岗街道陵园路79号

开放方式：免费开放

开放时间：夏季5—9月
9:00—12:30，14:30—18:30；
冬季10月—次年4月
9:00—12:30，14:00—18:00

联系方式：023-43766098，023-43789556

　　大足区烈士陵园始建于1954年底，1955年3月落成，总建筑面积2702平方米，分别于1975年4月、1984年、2013年经历过三次升级改造，2013年到2016年，区委、区政府投资3800多万元对烈士陵园进行提档升级，历时3年多建设，修缮后的烈士陵园于2016年6月17日正式建成开园开馆。改造后陵园占地面积19508平方米，由陵园大门及浮雕、革命烈士纪念碑、烈士墓、唐赤英广场、革命历史陈列馆5部分组成。2015年7月被重庆市评为"国防教育基地"；2018年2月被重庆市评为市级"烈士纪念设施"；2019年9月被重庆市评为"第六批市级爱国主义教育基地"。

唐赤英雕像

达人攻略

大足革命烈士纪念碑及烈士墓冢

它是为悼念中国人民解放军和地方工作人员在巩固大足新生的人民政权中光荣牺牲的烈士而建的。碑身正面刻有"革命烈士纪念碑"七个大字。纪念碑后面是烈士墓，安葬着119名大足解放初期征粮剿匪、社会主义革命与建设时期牺牲的烈士忠骨。这里是祭扫、缅怀英雄烈士的场地，也可作为各单位团队入党、入团、入队宣誓的场地。

大足征粮剿匪浮雕

大足征粮剿匪浮雕（组织征粮、土匪暴动、组织剿匪、剿匪战斗、肃清土匪），由5块四川美术学院设计的大足征粮剿匪大理石浮雕组成。

研学课程

基地常年邀请老同志为前来参观的青少年讲述先烈英雄事迹；开展18岁成人宣誓及共青团入团宣誓活动，已成为广大群众及青少年学生缅怀先烈的活动基地及第二课堂。

你知道吗？

唐赤英，1903年出生于重庆市大足区石马镇新立村（原四川省大足县跑马场人）。

唐赤英少怀救国志，1925年考入黄埔军校。1926年10月4日毕业于黄埔军校第四期。1926年黄埔军校毕业后参加了北伐战争，同年加入中国共产党。大革命失败后，参加南昌起义。1928年赴苏联，进莫斯科高级步兵学校学习，与刘伯承同学，在班上担任中共支部书记。两年后归国，从此更名为唐赤英。

1931年3月由中共中央派到湘鄂西革命根据地任红三军代理政治委员。4月任中共湘鄂边特委。9月在上海向中共中央政治局和中央军委作《关于湘鄂西军事工作报告》。10月任中共红三军前委委员。11月兼任红军中央军事政治学校第二分校校长。参与创建湘鄂西革命根据地并领导根据地武装斗争。1923年先后任红三军参谋长、洪湖警卫师师长，参与指挥湘鄂革命根据地第三、四次反"围剿"战斗。洪湖苏区被敌占领后，与军长贺龙率红三军经豫西南、陕南、川鄂边、到湘鄂边开展游击战争。

1945年，中共七大追认唐赤英同志为烈士，名列中共中央组织部、军委总政治部编印的《军队烈士英名录》。

打卡任务

革命烈士纪念碑是基地内重要标志建筑，蕴藏着大足的革命历史。寻找"革命烈士纪念碑"，并与之合影。

留言墙

NO.54·大足区烈士陵园

大足区 NO.55 第五十五站

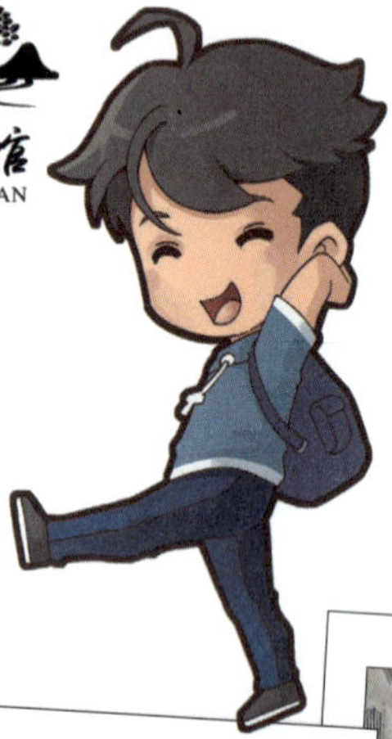

饶国梁纪念馆

饶国梁纪念馆主体建筑正面

饶国梁纪念馆展厅

饶国梁纪念馆展厅

TIPS

地理位置：重庆市大足区国梁镇云路街74号
官方微信公众号：大足党史
开放方式：免费开放
开放时间：周二至周日 09:00—17:00
（16:30 停止入馆），周一闭馆维护
（国家法定节假日正常开放）
联系方式：023-43452309

　　饶国梁纪念馆是为缅怀烈士饶国梁，1929年国民政府拨专款，由其兄长饶国栋、妹妹饶国模负责，在饶国梁烈士故里修建的建筑（当时为饶氏家族居住用房）。为纪念和缅怀先烈，重庆市人民政府和大足县人民政府于2010年对纪念馆重新进行修复，并在辛亥革命及烈士牺牲一百周年之际，即2011年10月9日，正式对外开放。

博物馆里的宝贝

饶国梁纪念馆主体建筑

饶国梁纪念馆正面

该建筑是保存较为完整的 20 世纪 20—30 年代的欧式建筑物，2009 年公布为第二批重庆市文物保护单位。饶氏四兄妹的名字分别为饶国栋、饶国梁、饶国模、饶国材，因此纪念馆堂屋的一副对联"栋梁成材上房屋，民众瞩目有楷模"中巧妙地融入了四兄妹名字及理想抱负，同时也肯定他们为革命而做出的贡献。

打卡任务

饶国梁诗句中有一句"头颅欲试剑初磨"，充分体现了饶国梁不畏牺牲的英勇精神，请找到展厅中这首诗，根据诗句的描绘体会当时饶国梁远离家乡投身革命的高尚品格，并与之合影。

达人攻略

 饶国梁塑像

此塑像位于主体建筑前的广场处，修建于 2011 年，于纪念馆开馆时完工，团体参观缅怀祭奠、敬献鲜花、诵读爱国诗歌，均在此处完成。

 红岩大有农场沙盘

此参观点位于二楼中间展厅，为红岩大有农场场景还原，比例为 1：400，内容包括办事处办公大楼及礼堂等建筑及其附属设施。

 研学课程

"重温先烈故事 传承革命文化"主题研学课程：听讲解感受革命文化；诵读爱国诗词；参与馆内志愿活动；感受纪念馆外乡村景色。大家可以积极参与进来哦！

你知道吗？

饶国梁（1888—1911）：1906 年秋考入四川陆军弁目队，后升入四川陆军速成学堂。1909 年秋毕业，任四川新军 65 标见习官，后去昆明。1910 年春，到达沈阳，任沈阳讲武堂教官。4 月，到达上海，任中国公学舍监。8 月，离开上海去昆明，途经香港与黄兴相识，加入同盟会。1911 年 4 月 27 日，参加黄花岗起义被捕，4 月 30 日英勇就义，牺牲时年仅 23 岁，为黄花岗七十二烈士之一。

饶国模（1895—1960）：饶国梁的胞妹，1930 年，饶国模怀着"实业救国"的理想，买下了重庆近郊红岩嘴 300 亩贫瘠的荒地，创办"大有农场"。1939 年，饶国模无偿提供房屋，作为中共中央南方局暨八路军驻重庆办事处办公用房。1950 年 7 月 1 日，饶国模将"大有农场"内房屋两大栋，果园一座，连同土地一千丈敬献给国家。

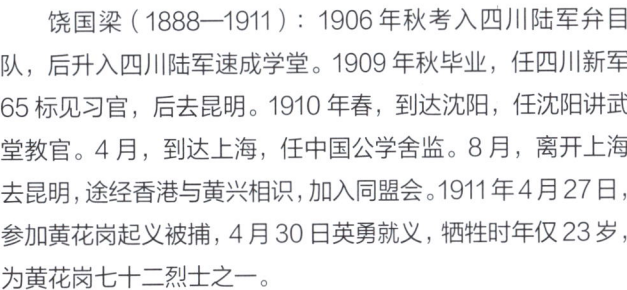

留言墙

饶国梁

NO.55·饶国梁纪念馆

第五十六站 重庆铜梁区博物馆

铜梁区 NO.56 第五十六站

重庆铜梁区博物馆

龙灯厅——二龙戏珠

铜梁匾额博物馆——销我忆劫

重庆铜梁区博物馆全景

 TIPS

地理位置：主馆位于铜梁区巴川街道龙门街169号，匾额博物馆位于铜梁区迎宾路154号

官方微信公众号 & 官方微博：铜梁博物馆

开放方式：免费开放

开放时间：周二至周日 9:00—12:00，14:00—17:00；周一闭馆，逢国家法定节假日正常开馆

联系方式：023-45692846

重庆铜梁区博物馆集龙灯、龙舞、民俗、匾额等地域特色为一体，多方面展示了铜梁的历史文化和人文风貌，是重庆市第一家区县级综合类博物馆，先后被评为铜梁区科普教育基地、铜梁区少先队校外实践教育基地、3A级旅游景区、市级爱国主义教育基地、国家二级博物馆等。

博物馆成立于1995年10月，2000年加挂"重庆铜梁龙博物馆"牌子，2010年加挂"铜梁匾额博物馆"牌子。馆舍由主馆和匾额博物馆组成，占地面积约8000平方米。常设铜梁匾额展、铜梁龙灯展、铜梁民俗展、铜梁明代石刻仪仗俑展、铜梁旧石器文化展等5个展厅。主馆现有馆藏文物4622件（套），其中珍贵文物572件（套）：含国家一级文物110件（套）、二级文物13件、三级文物452件（套）。匾额博物馆现有匾额500余件，常年展出100件，包括祝寿、政事、社会、庙宇、公德、教泽六大类。

博物馆里的宝贝

宋代铜熏炉

熏炉高51.8厘米、长20厘米、宽35厘米、重16.9千克，造型作甪端（lù duān）踩蛇之状。分为上下两部分，头部可揭开，整体中空，便于香料的燃放。属造型较大的熏炉，宋人称之为出香，多设于厅堂使用。

熏炉1973年出土于铜梁土桥垣坝张蔡蒙（张佳胤次子）墓。张佳胤，明嘉靖六年（1527年）出生于铜梁，自号崌崃山人，是明代文坛"嘉靖七子"之一。1583年任兵部尚书兼都察院右副都御史，加太子太保衔；以平乱、保边、修长城、击倭寇闻名朝野，为明朝重臣，被赞为国之栋梁。

打卡任务

在微博或抖音上传与博物馆藏品的合影并@重庆铜梁区博物馆，或参与博物馆社教活动，可获得一朵小红花，集齐三朵小红花即可兑换重庆铜梁区博物馆文创纪念品。

达人攻略

铜梁旧石器文化展厅

"铜梁文化"是两万多年前的铜梁旧石器文化，是我国发现的第八处旧石器文化遗址，属于旧石器时代晚期，是四川盆地内最早最古老的旧石器文化遗址之一。展厅详尽展出了遗址发掘过程、古生物化石和出土旧石器，其石质工具形制原始、类型简单、砍砸器多，特别是端刃砍砸器数量大，是我国其他旧石器工具组合中所没有的。

铜梁龙灯展厅

铜梁是久负盛名的"龙灯龙舞艺术之乡"，铜梁龙舞和铜梁龙灯以其独特的艺术魅力和影响力，先后被列入国家级非物质文化遗产名录。展厅详尽展出了铜梁龙灯的历史、品种和参加国内外展演及比赛取得的成就。

研学课程

博物馆开设有"明代礼仪""人从哪里来""门楣上的家国""铜梁龙·中国龙""两万多年前的铜梁动植物""明代兵部尚书——张佳胤""铜梁明代石刻仪仗俑""博物馆里话中秋"等寓教于乐的社教课堂，同学们可以积极参与其中哦！

留言墙

NO.56·重庆铜梁区博物馆

第五十七站·杨尚昆旧居和陵园

潼南区 57 第五十七站

杨尚昆旧居和陵园

杨尚昆旧居南路前天井

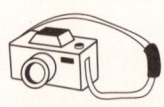

杨尚昆陵园内瞻仰广场和墓茔区

TIPS

地理位置：杨尚昆旧居位于重庆市潼南区双江镇金龙社区长滩子；杨尚昆陵园位于重庆市潼南区大佛街道卫星村杨家咀

官方微信公众号：尚昆故里

官方网站：杨尚昆故里景区
http://www.yskgl.com/

开放方式：免费开放

开放时间：9:00—17:00（全年不休）

联系方式：023-44860569（预约），
023-44862666（值班）

杨尚昆旧居原名长滩子大院，又名四知堂，始建于清同治元年（1862年），占地面积2800平方米。2005年经党中央批准，长滩子大院被命名为杨尚昆旧居，2006年2月动工修复布展，2007年5月正式对外开放。旧居陈列杨尚昆生平业绩展览，分为投身革命、留学前后、率部长征等10个部分，通过近400幅珍贵的历史照片、200余件文物文献资料和多部影视资料，充分展示了杨尚昆同志光辉战斗的一生。杨尚昆旧居现为全国关心下一代党史国史教育基地、重庆市爱国主义教育基地、重庆市廉政教育示范基地。

杨尚昆陵园于1999年4月开始修建，2001年6月完工，杨尚昆及夫人李伯钊的骨灰安葬于此。陵园由陵道、瞻仰广场、墓茔、怀念林、杨尚昆生平图片展室等部分组成，占地面积50余亩，彰显了杨尚昆同志"云水襟怀 松柏气节"的一生，是重庆市爱国主义教育基地。

博物馆里的宝贝

弹片

> 1935年4月,杨尚昆和彭德怀率领红三军团西进至云南省沾益县时,遭到敌机空袭,有三块弹片穿进了杨尚昆的右小腿。由于形势紧迫,杨尚昆接受了简单的手术,只取出其中两块弹片。解放后,他检查身体时发现这块弹片已经长进肉里,无法取出来了。就这样,这块弹片成为镌刻在体内的一枚特殊的军功章。1998年,杨尚昆遗体火化后,家人在骨灰中找到了这块在他体内存留了63年的弹片。弹片上凹凸不平的表面和被岁月打磨过的暗灰颜色,是杨尚昆同志钢铁意志的真实体现,指引着大家学习他艰苦奋斗的革命精神,不怕苦、不怕累,在实践磨炼中不断成长。

达人攻略

 《杨尚昆日记》透明触控展柜

摘取《杨尚昆日记》中关于学习、工作、生活的片段,通过触摸屏进行展示,可根据日期选择观看日记具体内容。此项多媒体设置在展览的真情永驻部分,结合展板内容,从日常点滴中更深入细致地展示先辈崇高的革命精神和优秀品质。

 研学课程

基地开设"弘扬革命精神 培育时代新人"等精品课程;推出主题团课及"日记本里的家国情怀""油画里的革命情谊"等互动教学;开展"党在我眼中 红色景点研学活动",组织学生参观寻访红色景点,坚定理想信念,培养爱国情怀。

你知道吗?

杨尚昆(1907—1998),四川潼南双江镇(今属重庆)人,伟大的无产阶级革命家、政治家和军事家,坚定的马克思主义者,党、国家和人民军队的卓越领导人。他献身革命70余年,他为党领导的革命、建设、改革事业贡献了毕生精力,作出了重大贡献,深受全党、全军和全国各族人民爱戴。在70多年的革命生涯中,他始终坚守理想信念,忠于党和人民;始终追求真理,不断开拓进取;始终严于律己,保持共产党人本色。他把一生献给党和人民,树立了共产党人的光辉榜样。

打卡任务

毛主席、周总理和杨尚昆被同志们亲切地称为"中南海三盏灯",杨尚昆就是其中的"执行灯"。找到"中南海执行灯"场景复原处,并打卡留念。

留言墙

杨尚昆陵园塑像

NO.57·杨尚昆旧居和陵园

第五十八站 民主革命时期潼南党史陈列馆

潼南区 NO.58 第五十八站

抗日宣传展厅

民主革命时期潼南党史陈列馆二楼过道

  **TIPS**

地理位置：重庆市潼南区双江镇正街杨闇公同志旧居内
官方微信公众号：尚昆故里
官方网站：杨尚昆故里景区
　　　　　　http://www.yskgl.com/
开放方式：免费开放
开放时间：9:00—17:00（全年不休）
联系方式：023-44860569（预约），
　　　　　　023-44862666（值班）

　　民主革命时期潼南党史陈列馆，位于杨闇公同志旧居内。该建筑始建于清朝末年，占地面积800平方米，是大商号"杨三泰"（杨闇公曾祖父杨世绥）的家祠，又名永绥祠。

　　2013年，永绥祠进行修复布展，命名为"民主革命时期潼南党史陈列馆"，展览主要介绍1928年潼南党组织建立到1949年潼南解放的21年里，党领导潼南人民进行革命斗争的历史，包括支部创建、组建武装、抗日宣传、迎接解放四个部分。2019年9月，被命名为第六批重庆市爱国主义教育基地。

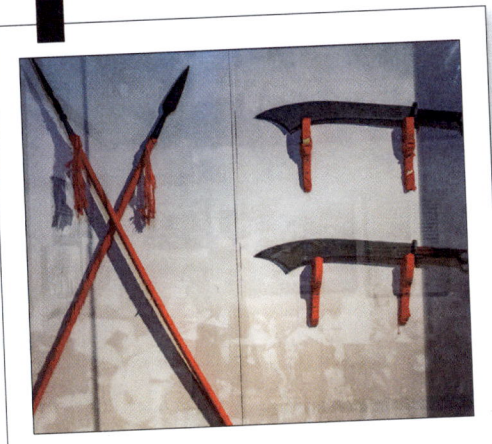
武装起义工具

民主革命时期潼南党史陈列馆主体建筑

你知道吗？

在20世纪20年代军阀割据时期，杨氏族人于1926年利用永绥祠侧楼开办潼南第一所教新学的私立小学——永绥小学。1927年，重庆"三三一"惨案发生后，革命处于低潮。时任中共四川省委驻武汉特派员的杨衡石（杨闇公二哥）由武汉返回家乡潼南双江隐蔽待命，为了更好地开展革命工作，便接办了永绥小学。不久后，杨伯炯（中共党员）、赵宗楷（杨闇公妻子）也由重庆转移至双江，以教师身份作掩护，进行革命活动。

1928年5月，中共四川省委派人来双江与杨衡石、雷志烈、杨伯炯等会晤，恢复了他们的组织关系。经上级批准，中共潼南支部在永绥祠建立，杨衡石任书记。至此，永绥祠成为党的地下活动中心和成渝两地的交通联络站，为隐蔽和护送党的干部做出了重要贡献。

达人攻略

陈列馆主体建筑

该建筑修建于清朝末年，占地面积800平方米，在民国十八年（1929年）经过改扩建，成为大商号"杨三泰"的家祠，为砖木结构楼房，圆拱方柱，俗称"洋房子"，又名"永绥祠"，永绥意取《千字文》中的永久安定之意。1928年5月，中共潼南第一个党支部诞生于此。

抗日宣传单元

抗战爆发后，川东特委在中华全国女青年会乡村服务队中建立了党支部，赴潼南开展抗日宣传。这支服务队共17人，她们深入民众之中办实事，举办妇女培训班，组建抗日宣传队，深入乡村慰问演出，并以此为契机发展大批党员。

研学课程

开设"民主革命时期中共潼南党支部发展史"精品课程；推出"党史学习润心田 红色精神代代传"等党史故事；开展"唱红色歌曲 诵红色经典"主题活动，让红色基因薪火相传，引领青少年坚定理想信念，争做新时代好青年、好少年。

留言墙

打卡任务

找到民主革命时期潼南党史陈列馆主体建筑，并与之合影。

NO.58·民主革命时期潼南党史陈列馆

潼南区 NO.59 第五十九站

张鹏翮廉政文化展览馆

张鹏翮塑像

张鹏翮诗词展厅

TIPS

地理位置： 重庆市潼南区小渡镇月山村二社庆元山金簪子坡下

官方微信公众号： 尚昆故里

官方网站： 杨尚昆故里景区
　　　　　　http://www.yskgl.com/

开放方式： 免费开放

开放时间： 9:00—17:00（全年不休）

联系方式： 023-44860569（预约），
　　　　　　023-44862666（值班）

　　张鹏翮（hé）廉政文化展览馆坐北朝南，建筑面积约520平方米，庭院面积约250平方米。该建筑为清代民居风格，悬山顶小青瓦屋面、纯木穿斗结构四合院。展览由"天下廉吏 一代完人""少年求学 师法圣贤""忠君报国 勤政爱民""克己奉公 清正廉洁""殚心竭力 担当奉献""大雅遗音 永世流芳""淳良继世 清白传家""以史为鉴 正风尚廉"八部分组成，概括介绍了张鹏翮77年的人生历程和他廉洁从政、勤政为国、一生为民的廉能事迹。展览馆现为重庆市廉政教育示范基地、重庆市爱国主义教育基地、重庆市干部教育培训现场教学基地。

"殚心竭力 担当奉献"板块

展厅

留言墙

你知道吗?

张鹏翮（1649—1725），字运青，号宽宇、信阳子，清代著名清官、治河专家、理学名臣，史称"清官""贤相"。1649年出生于四川广安邻水石老寨，归葬潼南庆元山，享年77岁。张鹏翮历经康熙、雍正两朝，他品行高洁、政绩卓著，在清代268年间，是川渝地区官位最显赫、名声最响亮的人物。因其在修治运河、整肃盐政、视学江南、秉公办案、三度治河等诸多事迹中廉能兼备，清康熙皇帝赞誉他为"天下廉吏，无出其右者"，清雍正皇帝称他是"志行修洁，风度端凝。流芬竹帛，卓然一代之完人"。

打卡任务

找到张鹏翮塑像及"嘉谟伟量"匾额，并与之合影。

达人攻略

张鹏翮塑像及"嘉谟伟量"匾额

张鹏翮为官50余年，历经康熙、雍正两朝，康熙帝赞誉他为"天下廉吏，无出其右者"，雍正帝称他是"志行修洁，风度端凝。流芬竹帛，卓然一代之完人"，并赐御书"嘉谟伟量"匾额。

诗词展厅

张鹏翮不仅为官清正、为政廉能，其文学素养、诗词造诣也非常高，是位独具特色的诗人、书法家，开启清代性灵派诗风先河。他的诗直抒性情，朴实易解，题材广泛，内容丰富，颇具内涵。

研学课程

基地开设"弘扬廉政文化 引领廉洁风尚"等廉政教育系列精品课堂；宣讲《修身自律 清俭传家》等张鹏翮廉政故事；制作《才能兼备》《清正廉洁》等动漫作品，引导青少年从小树立廉洁自律意识和"以廉为荣、以贪为耻"的道德观。

荣昌区 NO.60 第六十站

张培爵纪念馆

张培爵纪念馆正大门外景

张培爵纪念馆大门

张培爵纪念馆是为纪念辛亥革命100周年，于2011年10月9日正式落成开馆。馆舍建筑面积1290平方米，展厅面积432平方米，展出数量256件（套）。馆内按历史轨迹分为四个单元，展览张培爵与辛亥革命的相关事迹，通过深切缅怀辛亥革命先烈的历史功绩，彰显和弘扬他们的革命精神，旨在更深刻地理解孙中山先生提出的"振兴中华"的丰富内涵，为实现中华民族的伟大复兴而努力奋斗。

2012年7月，张培爵纪念馆成功申报第五批市级爱国主义教育基地，先后成为荣昌区爱国主义教育基地、西南大学（荣昌校区）爱国主义教育基地、荣昌区社科普及基地、新时代文明实践教育基地、红色基因传承工程馆际共建基地、荣昌中学爱国主义教育基地。

TIPS

地理位置：重庆市荣昌区昌元街道公园路158号
开放方式：免费开放，免费提供解说服务
开放时间：周一至周五 9：00—12：00，14：30—16：30
联系方式：023-46772906

博物馆里的宝贝

辛亥革命使用的五族共和旗

馆内为复制件

这是推翻清政府后第一部由法律确定的国旗，由红、黄、蓝、白、黑五种颜色的横条组成，五色横条等高等宽，依次排列。分别象征中国汉族、满族、蒙古族、回族（信仰伊斯兰的诸多民族）、藏族。1912年1月1日，南京临时政府成立，孙中山就任临时大总统，执掌国家政权。在《临时大总统宣言书》中提出五个统一，其中第一个统一就是"民族统一"。"国家之本，在于人民。合汉、满、蒙、回、藏诸地为一国，即合汉、满、蒙、回、藏诸族为一人。是曰民族之统一。"

打卡任务

参观完纪念馆后，与张培爵铜像合影。

展厅内景

达人攻略

张培爵墓位于重庆市荣昌区海棠公园内，在参观完张培爵纪念馆后，可到附近海棠公园里缅怀张培爵烈士。

张培爵纪念馆内摆放有夏布纺织机、中药柜，反映张培爵的父亲张照清在荣隆中街以行医卖药、夏布纺织为生计。

你知道吗？

1911年，伟大的民族英雄、伟大的爱国主义者、中国民主革命的伟大先驱孙中山先生领导的辛亥革命，为实现中华民族伟大复兴探索了道路。在孙中山先生的政治影响和指导下，重庆革命党人和爱国志士进行了艰苦卓绝、前赴后继的斗争，涌现出张培爵等一代巴蜀英杰和志士仁人，建立了以张培爵为都督的蜀军政府。蜀军政府尽管存在不到半年，但它在结束清王朝在重庆的封建专制统治，传播民主共和的理念上所建立的历史功绩是不可磨灭的。

留言墙

张培爵
(1876—1915)

NO.60·张培爵纪念馆

喻茂坚纪念馆

荣昌区 NO.61 第六十一站

喻茂坚
（1474年—1566年）

喻茂坚纪念馆外景

喻茂坚纪念馆位于万灵古镇万灵福邸一号楼，展陈建筑面积1340平方米，展馆内设有喻茂坚生平；青年才俊、科举入仕；经世济民、清正无畏；铁面御史、惩贪除恶；忠心报国、崇文重教；平侵定乱、心系民生等14个部分。以展示喻茂坚清廉事迹和优良家规家训为主要内容，不仅展陈内容更丰富，还改变了过去单一的展示手法，新增了多媒体、投影、场景复原、电视、触摸屏等高科技声光电展示手段，突出表现喻茂坚"以国为重、秉公执法、心系百姓、经世济民、清正廉洁、重视家风"的优良品质。集廉政文化教育、青少年传统教育、爱国主义教育功能为一体。2019年8月，喻茂坚纪念馆被重庆市委、市政府命名为重庆市爱国主义教育基地。2020年11月，喻茂坚纪念馆成功申报为重庆市廉政教育示范基地，并于2020年12月挂牌成立。

TIPS

地理位置：重庆市荣昌区万灵古镇万灵福邸一号楼
开放方式：免费开放
开放时间：9:00—18:00
联系方式：023-46231098

博物馆里的宝贝

《喻氏家谱》

喻氏家谱

喻茂坚与杨慎等诗人的诗会场景

留言墙

《喻氏家谱》是纪念馆的"镇馆之宝",它是由喻茂坚的第十三代孙喻权坚捐赠的家谱真迹。该本家谱详细记录了喻氏家族家规家训的特点:一是注重文化教育;二是注重德行修养;三是注重遵纪守法。

打卡任务

找到"天下清官"喻茂坚浮雕墙,并与它合影留念。

你知道吗?

喻茂坚,字月梧,号心庵,明重庆府荣昌县(今重庆市荣昌区)人。他为官刚正不阿、清廉有为,被明嘉靖帝赞誉为"天下清官"。他以国为重,秉公办案,不徇私情,在当时就有"汉庭老吏、当代法家"的美誉。喻茂坚还曾主持修订明代大法典《问刑条例》,该部法典增加了严惩官吏等内容,促进了当时经济社会的稳定。

嘉靖二十八年(1549年)冬,为官38年的喻茂坚致仕还乡。回乡后,在乡邻资助下,喻茂坚创办了尔雅书院,"以诗书课后生",将自己的为人为学理念代代相传,对后世子孙和当地百姓影响深远。

达人攻略

家风故事

纪念馆从喻茂坚"治理漕运结余白银力辞不取""仗义执言斗奸臣严嵩"等事迹,全方位介绍了喻茂坚坚守淳朴勤恩、崇法厚德、清廉有为的高贵品质,是党员干部、群众学习喻茂坚清正官德和弘扬优秀传统家规家风,以好家风促党风带民风的重要阵地。

研学课程

基地开展重温入党誓词活动,免费向社会公众开展"好家风好家训"宣讲,开展廉政文化知识竞赛等研学课程,营造浓厚廉洁文化的教育氛围,弘扬中华传统文化教育及爱国主义精神。

NO.61·喻茂坚纪念馆

荣昌区"红色家园"

荣昌区 NO.62 第六十二站

地方党史陈列馆

红色之路

TIPS

地理位置：重庆市荣昌区直升镇荣升街56号
开放方式：免费开放
开放时间：9:00—12:00；14:00—18:00
联系方式：023-46230239

　　荣昌区"红色家园"坐落于重庆市荣昌区直升镇，距离城区4千米，是一座白墙、红瓦、坡屋顶的二层楼，颇具川东民居风格的四合院。整个家园占地面积5.51亩，分前院、中院、后院三部分。荣昌区"红色家园"于2010年底竣工并投入使用，是全市第一家集中解决老地下党员及其遗孀生活居住的革命传统教育基地。开园以来，共入住11位老地下党员及遗孀，现还有老地下党员及其遗孀4人。2018年4月升级改造后，成为兼具集中赡养、党史育人、国防教育、干部教育培训于一体的革命传统教育基地和新时代文明实践站。每年接待参观人员量为4000余人。

博物馆里的宝贝

《红岩朝晖图》

这幅画为荣昌本土画家刘海石所作，画卷给观者一种高山仰止的感受，"红色"象征着革命，岩石非常坚硬，象征着革命者在狱中坚持斗争、坚韧不拔的精神，歌颂了革命者在战争时期的坚贞节操，塑造了令人难忘的荣昌革命英雄形象，深刻展示了革命者的崇高精神境界和思想光辉，构筑起中国共产党人独特的精神谱系。

打卡任务

找到荣昌区"红色家园"后院。在后院以"吹号手""狱中八条""荣昌区'红色家园'赋"为背景进行合影。

你知道吗？

这是居住在荣昌区"红色家园"老地下党员张佐成的红色故事。1949年12月7日，荣昌和平解放。解放后，溃散各地的国民党残部勾结地方反对势力，于1950年发动大规模暴乱。张佐成冒着生命危险，摸清了土匪底细，与解放军一起，经过近两个月的艰苦斗争，把这股来势凶猛的土匪分批激战合围歼灭。在剿匪过程中，张佐成不怕苦，不怕牺牲，哪里有困难，哪里有危险，他就出现在哪里，被劳苦大众称为剿匪救民的真英雄。

达人攻略

红色之路

红色之路是连接前院和后院的步道，全长71米，象征着党的生日7月1日。在地面铺设铜板21块，记载了党历史上的21个重大事件，并配上大事件图片长廊，对每个事件进行相应阐述。

党史陈列馆

荣昌党史展厅是荣昌区"红色家园"精髓所在，共分十八个展板，以实物陈列、图文并茂等方式贯穿整个陈列馆，记录中共荣昌支部成立以来的发展历程以及取得的光辉成就，发挥着追思历史、缅怀先烈、教育后人的功能作用。

研学课程

基地开展爱国故事会活动，邀请老党员或青年干部讲革命故事；组织观看爱国主义、国防教育主题的影视作品、电教片；重温入党（团）誓词活动。

留言墙

NO.62·荣昌区"红色家园"

第六十三站·重庆白鹤梁水下博物馆

涪陵区 NO.63 第六十三站

白鹤梁水下博物馆
THE UNDERWATER MUSEUM OF WHITE CRANE RIDGE

重庆白鹤梁水下博物馆

TIPS

地理位置： 重庆市涪陵区滨江大道二段185号

官方公众微信号： 重庆白鹤梁水下博物馆公众信息、重庆白鹤梁水下博物馆

开放方式： 售票，50元/人

开放时间： 周二至周日 9:00—17:00（16:30停止售票入馆，周一闭馆维护，法定节假日正常对外开放）

联系方式： 023-85688882

　　重庆白鹤梁水下博物馆，始建于2003年，于2009年5月18日正式落成并对外开放，是世界首座水下博物馆，属地方性历史博物馆，是集文物保护、研究、宣传、教育为一体的文化活动中心。白鹤梁题刻原址核心区主要以"无压容器"的保存方式，在长江水下40米深处修建了一个椭圆罩体，将白鹤梁上139段题刻真迹保存其间，这也是全球范围内建成的首座水下博物馆，被联合国教科文组织誉为"世界首座非潜水可到达的水下遗址博物馆"。

博物馆里的宝贝

石鱼水标

重庆白鹤梁水下博物馆展厅

你知道吗？

白鹤梁位于重庆涪陵城北长江中，全长1600米，均宽15米，因早年常有白鹤群集而得名。梁上镌刻自唐广德二年（764年）起的历代题刻165段，其中具有水文价值的题刻108段，石鱼18尾，观音2尊，白鹤1只。题刻集历代名家文学、书法之大成，素有"水下碑林"之誉。记载了自唐迄今1200年间72个年份的枯水水位，具有极其重要的水文科学价值，被誉为"世界第一古代水文站"。1988年被公布为全国重点文物保护单位；2006年列入《中国世界文化遗产预备名单》。

在三峡文物保护中，白鹤梁水下原址保护工程是难度最大、科技含量最高、投资最多的项目。为此先后论证十年，提出七个保护方案，最终采用中国工程院院士、上海交通大学葛修润教授提出的"无压容器"方案修建水下博物馆。工程于2003年动工，历时7年。

留言墙

白鹤梁上刻有石鱼两尾，现存一尾，残长60厘米，并有隶书"石鱼"二字。

双鲤鱼眼相当于川江航道部门当地的水尺零点，而唐鱼腹高又相当于涪陵地区现代水文站历年枯水水位的平均值。双鲤石鱼作为零点水位标尺，比英国人在武汉江汉关水文站所设立的第一根水尺要早1100多年。这两尾石鱼是古代人用以观测长江枯水水位的独特水标，每当江水枯落，石鱼出水，意味着一个少雨枯水周期的过去，丰收年景将至，便有了"石鱼出水兆丰年"一说。

打卡任务

通过以下线索问题，寻找对应地点并和藏品合影。（线索提示：我身长1600米，长眠于水下，是白鹤梁水下博物馆最重的一条鱼。）

达人攻略

长江之尺——白鹤梁题刻的科学价值

在长江三峡的水文题刻群中，涪陵白鹤梁题刻尤为珍贵。在这一部分，运用模型复刻、双鱼动画视频等方式，将石鱼记录长江水位的变化这一过程和1200余年来72个枯水年份的水位情况形象生动地展示出来，系统地反映了长江流域枯水年份水位变化规律。

水下40米原址原貌参观题刻

参观水下题刻，需乘坐91米隧道式电动扶梯深入水下40米，再步行穿过水下交通廊道，透过参观走廊上一侧的23个半米大小的水下玻璃窗，"近距离"欣赏白鹤梁题刻。

研学课程

已举办"一江碧水·家乡的河""我们渴望的水：从遗产到未来""春季修禊""小小讲解员"等研学活动，寓学于乐。此外，自主研发《重庆水情》《能源新贵——页岩气》《捶拓黑白间》等20余个课件，积极开设"奇妙的巴蜀之旅""探秘第一古代水文站"等研学路线。

NO.63·重庆白鹤梁水下博物馆

四川红军第二路游击队罗云烈士陵园

涪陵区 NO.64 第六十四站

四川红军第二路游击队烈士陵园浮雕墙

四川红军第二路游击队烈士陵园位于涪陵区罗云镇罗云坝社区1组，占地26700平方米，中轴对称布局，建有游客接待中心、四川红军第二路游击队陈列室、英烈坊、四川红军第二路游击队纪念碑、烈士墓、浮雕墙、讲习所等纪念设施。

TIPS

地理位置：重庆市涪陵区罗云镇罗云坝社区1组
开放方式：免费开放
开放时间：8:30—11:30，14:30—17:30
联系方式：023-72751678

博物馆里的宝贝

钟善辅用过的印泥盒

钟善辅，罗云坝人，原名钟世铭，笔名中山虎、山虎，生于1900年，1930年牺牲。18岁进入成都公立警监学校，受进步思潮影响，于1923年加入中国共产党，是川东南地区最早的共产党员。入党后，他在自己的印泥盒上刻下了"生为坚强士，死为精忠魂"几个大字，时刻以一名共产党员的身份严格要求自己。1930年5月4日，钟善辅在丰都县被捕牺牲，牺牲前，大义凛然，反复大声诵读自己写给妻子和革命同志的一首诗："马列能救国，共产始成业，强暴皆不惧，恶妖得消除。"敌人惧怕革命真理，只得用毛巾堵上他的嘴。慷慨就义时，年仅31岁。

打卡任务

参加"重走红军路"活动，步行走到终点四川红军第二路游击队罗云烈士陵园誓师大会遗址，找到铜矿山鸡石尖标志物与"鸡石"同音石头，并与之合影。

你知道吗？

1930年4月7日四川红军第二路游击队正式建立。红军游击队活动于涪陵、丰都、武隆、石柱等毗邻的广大地区。武装力量由成立时的400多人，发展到2000多人，主力行军1000余千米。与国民党军阀和地主进行了不屈不挠的斗争，经历了大小战斗数十次。建立起13个乡的苏维埃政权，开辟了30多个乡镇的游击区，面积达16000多平方千米。开展了惩办土豪劣绅，开仓济贫，分田分地，建立农会，成立苏维埃政府等一系列革命活动。烈士墓中埋葬着钟善辅、李焕堂、尹觐阳三位革命先辈的遗骨。

留言墙

达人攻略

四川红军第二路游击队纪念碑

它是整个陵园最重要的纪念建筑。纪念碑碑体呈三棱形，通高19.30米，青石底座直径4.7米，寓意四川二路红军于1930年4月7日诞生于罗云。纪念碑的造型就像一把利剑直插云天，气贯长虹，刺破了当时当地国民党腐朽的黑暗统治。

浮雕墙

长30米，宽2米，重约百吨。每逢雨水润泽，墙面呈现一片赤红，喻意罗云乡是一个红色革命根据地，处处存留着红色的记忆。浮雕上部，是七位烈士的头像。浮雕画分为三部分，从右至左分别是：土地运动、武装暴动、红军诞生。这三部分共同组成和再现了革命年代红色罗云光辉璀璨、无比壮烈的历史。

研学课程

在基地内，可以观看烈士墓、纪念碑、纪念墙与革命历史文物史料和纪录片；听讲解员讲解革命历史和先烈的丰功伟绩；前往铜矿山，参加"重走红军路"活动。

NO.64·四川红军第二路游击队罗云烈士陵园

涪陵区烈士陵园

涪陵区 NO.65 第六十五站

涪陵区烈士陵园纪念广场

涪陵区烈士事迹陈列馆

TIPS

地理位置： 重庆市涪陵区荔枝街道黎明社区二组堡子城公园内

开放方式： 免费开放，节假日预约开放

开放时间： 周一至周五 9:00—12:00, 14:00—16:00

联系方式： 023-72865421

涪陵区烈士陵园为综合性烈士陵园，占地7999平方米，由烈士事迹陈列馆、纪念广场、纪念塔、英雄铜像、烈士英名墙、烈士墓等纪念设施组成。

1989年11月，将涪陵专区烈士纪念塔和涪陵县烈士陵园（靖黔烈士陵园）合并迁建到堡子城公园修建"涪陵革命烈士纪念塔"。工程总投资120万元，1991年7月1日，在中国共产党成立70周年之际，"涪陵革命烈士纪念塔"落成剪彩。根据2011年7月20日国务院令第601号公布的《烈士褒扬条例》第一条释义规定，"涪陵革命烈士纪念塔"更名为"涪陵烈士纪念塔"。主要安葬的是二野12军36师106团、107团、108团解放军战士在解放大西南征粮剿匪战斗中牺牲的烈士遗骨和在社会主义建设时期牺牲的烈士遗骨。

涪陵区烈士陵园碑铭

题词

打卡任务

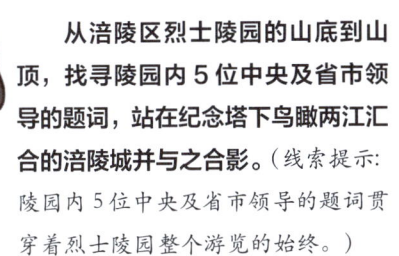

从涪陵区烈士陵园的山底到山顶，找寻陵园内5位中央及省市领导的题词，站在纪念塔下鸟瞰两江汇合的涪陵城并与之合影。（线索提示：陵园内5位中央及省市领导的题词贯穿着烈士陵园整个游览的始终。）

留言墙

你知道吗？

杨克明，四川省涪陵县罗家庙人（今属重庆长寿），原名陶正。

1921年秋，入涪陵北岩省四中读书，初步接受革命思想，1926年参加中国共产党，1929年，参加涪陵抗捐斗争，次年任四川第二路红军三游击队中队长，英勇作战，机智克敌。

1930年冬，在营山、绿水、安国等地建立农民协会，后转移到梁山，与王维舟等组织了川东游击军第二支队。1932年夏，任中共梁达中心县委书记。1932年底，率川东游击军第三支队配合红四方面军取得宣达战役的胜利，与红四方面军在南坝胜利会师后，编入红四方面军第三十三军任政委，杨克明被调自补充师师长，独立师政委。

1936年1月红三十三军与红五军团合编为红五军后，任政治部主任，西路军入河西走廊作战参与组织领导工作。

1937年1月20日，在甘肃高台保卫战中与军阀马步芳的部队浴血奋战九天九夜，杨克明壮烈牺牲，时年32岁。

达人攻略

涪陵烈士纪念塔

纪念塔通高39米，塔身正面镌刻"涪陵烈士纪念塔"几个大字，塔顶立有一颗红色五角星。站在纪念塔下，长江乌江交汇处的涪陵全景一览无余。纪念塔由三支步枪的形状组成，象征着枪杆子里出政权，高39米，意味着从新中国1949年建立到1988年开始筹备建设的39年时间，在三支步枪的交会点正下方，则是涪陵区地理标识的零公里，标志着星星之火可以燎原。

浮雕群

浮雕群分2组，共50平方米，用黄铜锻造，反映了大革命时期到社会主义建设时期以及新时代英雄烈士浴血奋斗、保家卫国、建设家园的光辉历史。

研学课程

开展"让烈士回家"的主题活动，找寻在涪陵牺牲的客籍烈士的家人和亲属，重点是找寻816工程烈士陵园安葬的58名烈士和11名病故军人的家人与亲属。

NO.65·涪陵区烈士陵园

第六十六站·李蔚如烈士陵园

涪陵区 NO.66 第六十六站

李蔚如烈士陵园

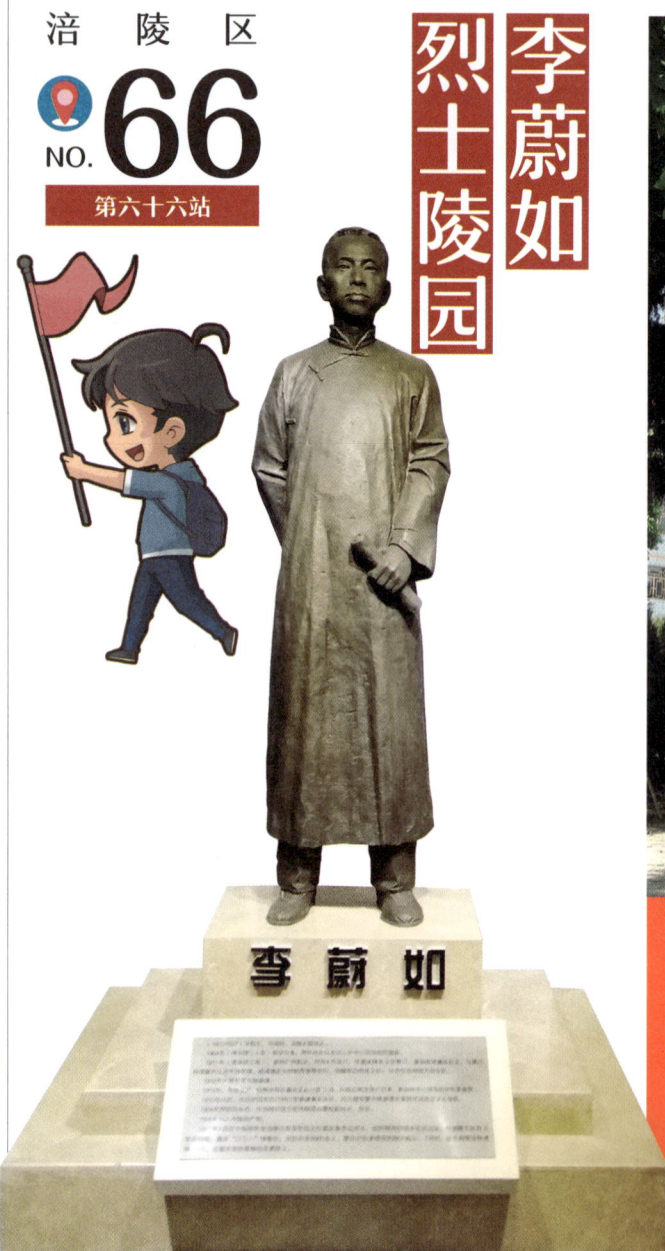

李蔚如烈士墓

李蔚如烈士陵园位于涪陵革命老区重点乡镇之一的大顺镇所辖大顺村1组，以李蔚如烈士陵园为中心，以周围的4个革命纪念遗址（李蔚如故居、四川第一个县级农民协会诞生地李家祠堂、大顺更新学校、解放军烈士纪念碑）为依托向四周辐射。

陵园占地10亩，于1942年动工建设，1948年正式落成，2008年、2010年投入200余万资金对陵园进行了两次扩建和绿化。烈士陵园沿着中轴线成左右对称，分为三级阶梯，陵园内设有李蔚如革命烈士墓碑、坟墓、陈列室、纪念堂、事迹墙、浮雕墙及李蔚如烈士雕像、陵园大门、500平方米的纪念活动场地、停车场。园内林木幽深，松柏苍翠，绿化面积达3000余平方米。

TIPS

地理位置：重庆市涪陵区大顺镇大顺村1组
开放方式：平时闭馆，对有预约的旅游团队免费开放
联系方式：023-72722666

博物馆里的宝贝

李蔚如留给妻子的遗书

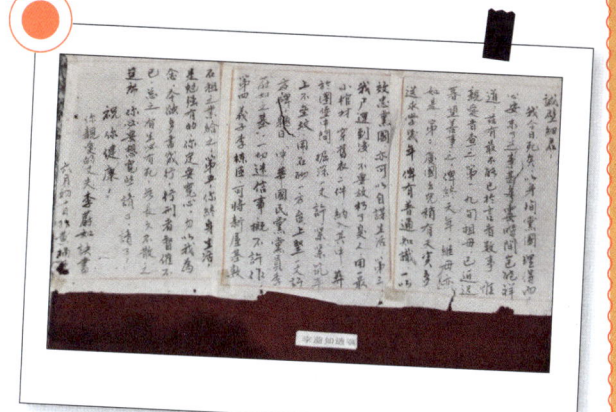

遗书内容共有五点：一愿妻子孝祖母，二送孩子多求学，三办丧事须从简，四赠家业给义子，五愿妻子多宽慰。从上孝敬父母，下养育子女，表现了李蔚如身上有着中华民族的传统美德，从节约办丧事中，看出他一身清廉的高贵品质；从行刑者督催不已，但烈士却仍将遗书写得那样精彩，表现了李蔚如烈士不但是叱咤沙场的热血男儿，同时也是满腹经纶、极富文才的大才子。

打卡任务

在陵园内任意一处拍照并打卡留念，切身感受李蔚如烈士在如此艰苦的环境下依旧保持乐观的心态，激发爱国主义情怀。

你知道吗？

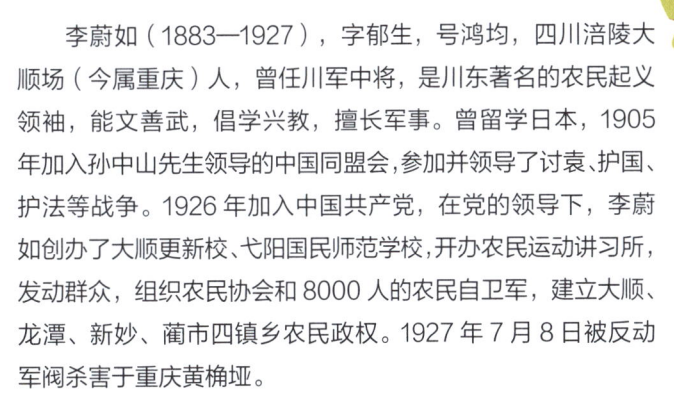

李蔚如（1883—1927），字郁生，号鸿均，四川涪陵大顺场（今属重庆）人，曾任川军中将，是川东著名的农民起义领袖，能文善武，倡学兴教，擅长军事。曾留学日本，1905年加入孙中山先生领导的中国同盟会，参加并领导了讨袁、护国、护法等战争。1926年加入中国共产党，在党的领导下，李蔚如创办了大顺更新校、弋阳国民师范学校，开办农民运动讲习所，发动群众，组织农民协会和8000人的农民自卫军，建立大顺、龙潭、新妙、蔺市四镇乡农民政权。1927年7月8日被反动军阀杀害于重庆黄桷垭。

李蔚如同志由一个激进的旧民主主义者转变为一个优秀的共产主义战士，他的一生是光辉的一生，伟大的一生，他把热血献给人类最壮丽的人民解放事业，以44载的短暂春秋谱写了一曲大智大勇、清正廉洁的革命英雄主义的胜利凯歌。

达人攻略

陈列室和纪念堂

这是陵园中最雄伟壮丽的景观，位于南北中轴线上。陈列室里摆放着李蔚如烈士画像、遗物和事迹墙。纪念堂里配备了录音、录像、书籍、诗歌等物品，同时拍摄了《大顺1927》反映李蔚如烈士革命事迹的电影。

陵园主体建筑

整个陵园建筑集川东民居和当地文化建筑艺术于一体，气势雄浑，风格庄严，在不失一般烈士陵园庄重设计的同时，结合涪陵区大顺镇当地民居特点，既有烈士陵园的肃穆，又有川东民居的简朴，充分表达了对李蔚如烈士的尊重和敬仰。

研学课程

听英雄事迹，观看革命主题电影，激发爱国主义热情及民族自豪感和责任感。

留言墙

万盛经开区 NO.67 第六十七站

刘子如纪念地

君子街

刘子如展厅（万盛博物馆二楼）外景

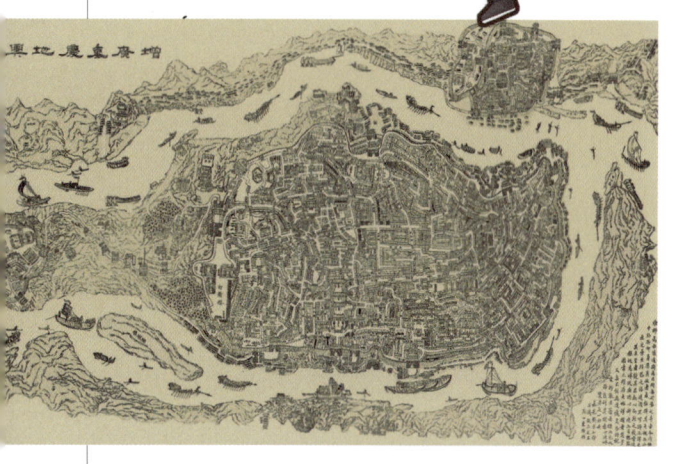

史料图片选

刘子如先生亲手绘刻的《增广重庆地舆全图》

TIPS

地理位置： 重庆市万盛经开区主城及刘子如故乡金桥镇

官方微信公众号： 子如文化研究

官方网址： http://www.cqljzrwh.com/

开放方式： 免费开放

开放时间： 万盛博物馆除周一闭馆外，周二到周日 9:00—17:00 免费开放

联系方式： 023-48295050（刘子如纪念地服务中心），023-48284026（刘子如展厅）

　　刘子如纪念地位于重庆万盛，主要包括：子如陵园、刘子如展厅（万盛博物馆二楼）、子如广场及文化浮雕墙、刘子如故居、子如青山书院（青山孤儿院旧址）、子如亭、刘公堤等场所。2012年9月被市委、市政府授牌命名为重庆市级爱国主义教育基地，亦是市社科联命名的人文社科普及基地，市纪委、监察委确定的廉洁文化展馆，重庆红岩联线列入的全市《舞动红色旅游》重要节点。刘子如故居是市政协等评定的重庆名人故居。

在子如广场开展爱国主义教育活动展览

达人攻略

📍 子如广场及文化浮雕墙

位于万盛城区步行街子如路东端，2005年建成，时任市长王鸿举亲笔题名"子如广场"。广场东北侧的文化浮雕墙，以紫铜浮雕形象生动地展现刘子如先生"艰苦创业、慈善奉献、忠心爱国"精神之历史场景。

📍 刘子如展厅

位于万盛博物馆二楼，以丰富的实物、图片和历史文献资料，展示刘子如生平。展厅塑立有刘子如全身雕像，以及100多年前刘子如销售的缝纫机等珍贵文物。

📍 子如陵园

位于刘子如故乡金桥镇，占地面积8.5公顷。园内有"艰苦创业、慈善奉献、忠心爱国"的子如精神石刻、刘子如环球慈善考察大型浮雕路线图、潘文华等社会贤达题字石刻。陵墓前有斜幅式浮雕像配以刘子如墓志铭，侧面有刘子如全身雕像及子如陵园碑记等。

刘子如展厅藏品及图片史料一角

你知道吗？

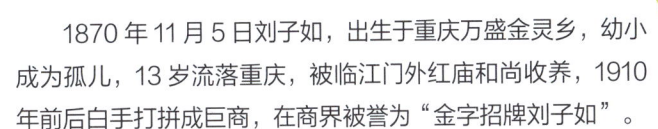

1870年11月5日刘子如，出生于重庆万盛金灵乡，幼小成为孤儿，13岁流落重庆，被临江门外红庙和尚收养，1910年前后白手打拼成巨商，在商界被誉为"金字招牌刘子如"。

成为富商后刘子如时时不忘自己的流浪孤儿经历，1914年出资创办重庆私立孤儿院，培育出江竹筠（江姐）、余跃泽（解放后任重庆市副市长）等数千人才。1924年他自费作环球慈善考察，传播中华文明，回国后出版《新新游记》四卷。1937年年近古稀的刘子如组建并率领"重庆战地服务团"自费上皖南抗日前线，为国共两军服务3年，曾被敌弹炸伤。1940年底返渝时新四军领导人陈毅题赠大幅照片："送给站在抗日最前线的刘老团长留念"。1942年回家乡继续兴办慈善教育。1949年1月逝世，享年79岁。

重庆富城路、仁和街、青年路、解放碑得名，皆源于刘子如慈善事业之故。刘子如在临江门创办重庆私立孤儿院一带被称为"孤儿路"（后更名"富城路"）。孤儿院迁至大溪沟后当地又被称为"孤儿街"，后更名"人和街"。刘子如创办的重庆青年会一带被称为青年路，青年会大厦因被日机炸成废墟，在其上所建木塔即"精神堡垒"，后在其旧址上修建"抗战胜利纪功碑"，解放后更名为"人民解放纪念碑"。

《重庆历史名人典》称之为"重庆巨商、著名企业家、慈善家和爱国知名人士"，是重庆历史名人中唯一冠以"慈善家"称号者（见《重庆历史名人典》）。

打卡任务

在基地"孔子学堂"所属的万盛国学馆、万盛博物馆、子如青山书院、丛林书院等6个教学部中，搜寻某院墙旁边当年刘子如先生栽种的那棵130多年的香樟大树。瞄准书院河对面的笔架山，选择百年香樟古树侧边几位著名书法家题写的"十年树木，百年树人；百年育木，千年文脉""立此存照，文昌晟名；到此打卡，文曲星亨！""爱国爱家，筑梦铸魂"等任意一碑刻，合影打卡。

留言墙

NO.67·刘子如纪念地

渝东北片区爱国主义教育基地

- 城口县苏维埃政权纪念公园
- 城口县红三十三军指挥部旧址
- 梁平区文化遗产保护中心
- 垫江烈士陵园
- 忠县白公祠
- 丰都县革命烈士纪念馆

城口县红军纪念公园

巫山博物馆

彭咏梧烈士陵园

巫山县竹贤乡下庄村

巫溪县博物馆

梁平区文化遗产保护中心

梁平区 NO.68 第六十八站

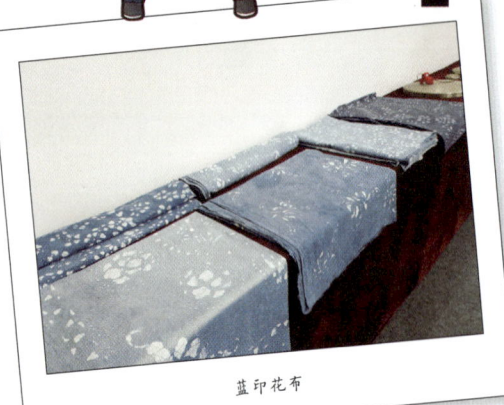

蓝印花布

市级非遗项目展厅

TIPS

地理位置：重庆市梁平区双桂街道泰和路泰和小学
开放方式：免费开放，需提前电话预约
开放时间：9:00—18:00
联系方式：13996688868

　　重庆市梁平区文化遗产保护中心成立于2008年8月，为梁平区文化和旅游发展委员会直属公益类事业单位。2012年被重庆市委宣传部命名为"重庆市爱国主义教育基地"。展厅以梁平非物质文化遗产为主题，展出内容为本区5个国家级非遗项目和26个重庆市级非遗项目。

博物馆里的宝贝

梁平木版年画

梁平木版年画起源于明嘉靖年间，距今已有500多年的历史。它是为庆贺年节而印制的一种民间美术制品，属于木刻水印版画的范畴。2006年，梁平木版年画被列为首批国家级非物质文化遗产保护名录。展厅展出的《将帅门神》是梁平年画的代表性题材，其画样达十几个品种，满足不同层次百姓家庭的需要，比如精细水货供官宦商贾家使用，托货类供平民百姓家使用。此门神虽制作工艺不及水全华美精良，但是广受普通百姓家喜爱。将军美髯飘逸，神态威仪，色彩沉着典雅，震撼人心，一副祥瑞降临到家的模样。

打卡任务

根据梁平木版年画的特点，基地创作了一对年画娃娃，年画娃娃象征吉祥如意，他们藏在年画展厅的角落，请大家找到年画娃娃并与之合影。

达人攻略

观赏梁平木版年画制作流程

梁平木版年画继承传统水印木版年画工艺流程，采用以木版套印为主，局部略施彩绘的表现方法。梁平年画工艺制作材料分为纸、版、色，展厅中展出的制作流程有蒸纸、拖胶、晾纸、雕版、印刷、手绘等。

观赏梁平竹帘绘画流程

梁平竹帘系重庆市梁平以竹丝为主要原料编织并画上精美图画的工艺美术品。它起源于宋代，经元、明至清，工艺日臻成熟、精美。尤其是清末民初民间画师方炳南，首创在竹帘上作画之后，将梁平竹帘引入工艺美术殿堂，并引来知名画家、书法家也在帘上题字、献画，更使梁平竹帘闻名遐迩，展厅邀请非遗传承人现场作画。

梁平新年画创意展厅

梁平新年画是将梁平木版年画与儿童画相结合，并将社会主义核心价值观等题材巧妙地融入其中，形成了独具特色的新年画，该展厅展出的是教师与学生新年画作品。

研学课程

课程将梁平木版年画的题材用纸版画的方式呈现出来，延续梁平木版年画的构图、色彩、人物造型，并进行再创作，让同学们领略梁平木版年画的独特魅力。

留言墙

NO.68 · 梁平区文化遗产保护中心

城口县红军纪念公园

城口县 NO.69 第六十九站

公园全景图

挥师城口广场军旗景墙

TIPS

地理位置：重庆市城口县葛城街道桂花井社区
开放方式：免费开放
开放时间：全天
联系方式：023-59227628

　　为打造红色旅游、生态旅游基地，2011年2月经城口县委、县政府决定修建城口红军纪念公园。功能定位为休闲健身，宣传红色文化，爱国主义教育基地。国家林业局西北林业规划设计院设计了公园主体景观，园内红色文化打造由著名的文化专家厉华、江碧波等设计创作。公园布局为"一轴二翼，星火巴山"。主入口海拔755米，建功广场海拔851米。主步梯总长290米，共计620梯步。

　　公园于2012年11月18日正式开工建设，2014年10月1日完工。建成后的红军纪念公园，占地总面积68亩。该公园的建成极大地完善了城口县城市功能，对红色文化的传承和树立城口县良好生态环境的形象具有极强的时代意义。

鸟瞰城口县红军纪念公园

达人攻略

公园内部

挥师城口广场，长 30 米，宽 18 米，广场面积约 540 平方米，广场内主景观以军旗景墙为背景，军旗景墙高 3.5 米，全长 13 米，军旗上标示在城口战斗过的五支光荣的红军部队番号，广场东面展示中国共产党十大政纲，西面墙体书写红四方面军军训训词，军旗景墙前面布小品雕塑一个，后面布展柜二个，小品雕塑和展柜重点展示红军文化元素，如草鞋，斗笠等。

经过挥师城口广场后顺主步道而上进入建功城口广场，广场面积约 300 平方米，在广场正中布置现代五星亭，五星亭高 5 米，宽 12 米。五星亭整体为三角外双层结构，二层为观景平台，可以俯视山下景色，三角外形象征力量与稳定。在二层观景台上延伸出一颗红色五星，红星闪闪发光指引人民走向解放，建立新城口；在五星亭后建有文化墙，文化墙展示城口县苏区时期各级苏维埃政府干部名录。

诸葛寨植物公园

诸葛寨植物公园位于城口县城东面，四面环山，群山耸立，重峦叠嶂，交相辉映。相传三国时期诸葛亮北伐时曾路经此地，见其地势险要，异峰突起，依山傍水，花木茂盛，乃是一绝色佳境，于是下令三军在此扎寨歇息，诸葛寨因此而得名。现建成公园面积 17 公顷，园内森林覆盖率 95% 以上，主要树种有水杉、松树、刺槐、山茶、桂花、三角枫、梧桐、日本冬杉、波兰传教士引进的荆豆等。目前，诸葛寨植物公园已成为人们游览休息、文化娱乐、体育活动的最佳去处。

你知道吗?

在公园建设中，以"红色文化，绿色生态"为主题，重点展现了红四方面军 5 支主力部队在城口的战斗历程，其景观构架为"一轴二翼，星火巴山"，"一轴"指"主入口广场"→"挥师城口广场"→"浴血城口广场"→"建功城口广场"这一自下而上层层递进的公园园路，也是"红色之路"和"胜利之路"。"二翼"指在公园主道两侧循环步道布置的红军宣传标语 68 副，其标语采用我县红军遗留下来的原迹拓摹。"星火巴山"取自星星之火可以燎原，喻示老一辈革命家在城口撒播的革命火种。

打卡任务

在挥师城口广场的军旗景墙前打卡留念。

留言墙

公园红军浮雕墙

城口县苏维埃政权纪念公园

城口县 NO.70 第七十站

纪念碑全景图

川陕苏区城口纪念馆风貌

纪念公园始建于1984年，2013年，成功创建为国家3A级旅游景区。2021年底，与土城老街、红军公园联合创建为"土城红军老街"国家AAAA级旅游景区。现公园占地面积4700余平方米。园内有"城口县苏维埃政权纪念碑""川陕苏区城口纪念馆""川陕苏区历史文献墙""国家领导人亲属和红四方面军老战士题词"等主要参观景点。

打卡任务

在城口苏维埃政权纪念碑前打卡留念。

达人攻略

城口县苏维埃政权纪念碑

纪念碑于1984年纪念城口县苏维埃政权成立五十周年而立。纪念碑碑身以汉白玉铸成，碑高9.15米，纪念城口县苏维埃政府于1934年9月15日第一次召开工农兵大会。碑面向东北方向，取城口人民心向北京之意。背面镌刻有铭文。

川陕苏区城口纪念馆

纪念馆占地面积500平方米，建筑面积1200平方米。建筑采用川东民居风格，气势恢宏，庄严肃穆，以史料、文物、建筑、雕塑等综合手法，生动陈列"城口苏区历史"。纪念馆由星火撒巴山——创建川东游击军、浴血铸丰碑——红四方面军在城口、重整旧河山——城口苏区的建设和发展、军民鱼水情——城口人民对苏区的巨大贡献、英名垂青史——在城口战斗过的共和国元勋等组成，共展出图片三百余张，文字三万余字，实物一百余件。

留言墙

TIPS

地理位置：重庆市城口县半月池路2号
开放方式：免费开放
开放时间：9:00—12:00（11:30后停止入馆），14:00—17:30（17:00后停止入馆），周一闭馆，法定节假日以公布时间为准
联系方式：023-59221621

城口县 NO.71 第七十一站

城口县红三十三军指挥部旧址

指挥部旧址墙上的红军宣传标语

你知道吗？

20世纪20年代末，在中共四川地方党组织领导下，城口、万源的农民起义军、抗捐军打响固军坝起义，成立城万红军，在川东地区竖起了第一面地方红军的旗帜。面对四川军阀的疯狂"围剿"，顽强坚持游击战，建立游击根据地，历尽艰险而红旗始终不倒，在武装游击斗争中发展成为一支久经磨砺和考验的地方革命武装。1933年10月，城万红军即川东游击军协同入川的红四方面军英勇作战，取得了宣达战役的重大胜利，成为巩固和发展川陕苏区的一支重要力量。红四方面军总部决定，将川东游击军改编为中国工农红军第三十三军。

红三十三军指挥部旧址因1934年红三十三军在该屋设立指挥部，军长王维舟、副军长罗南辉等在此指挥战斗而得名。1934年5月，为瓦解四川军阀刘湘的围攻，红四方面军兵分三路发起反攻。其中，红三十三军在王维舟的指挥下，对驻扎在城口的军阀刘存厚发起了进攻。这里面最值得一提的就是长池垭遭遇战了，也是在这场战斗胜利之后，红三十三军将指挥部设在了龚家大院，历时9个月，直到红军长征。

龚家院子红三十三军指挥部旧址因1934年红三十三军在该屋设立指挥部，军长王维舟、副军长罗南辉等在此指挥战斗而得名，旧址位于城口县坪坝镇五星村龚家院子，距离城口县城40余公里，始建于1934年。文物建筑修缮复原后，建筑呈L形布局，阔开7间共32.65米，进深2间8.65米，3间6.7米，2间3.5米，高7米，建筑面积275平方米。建筑为穿斗木结构民居建筑。1990年被城口县人民政府列为县级第一批文物保护单位，2009年被重庆市文物局列为第二批重庆市文物重点单位。

打卡任务

在旧址内任一场景处拍照打卡。

TIPS

地理位置： 重庆市城口县坪坝镇议学村（原五星村十二组）龚家院子
开放方式： 免费开放
开放时间： 9:00—12:00，14:00—17:30
联系方式： 023-59222350

留言墙

丰都县革命烈士纪念馆

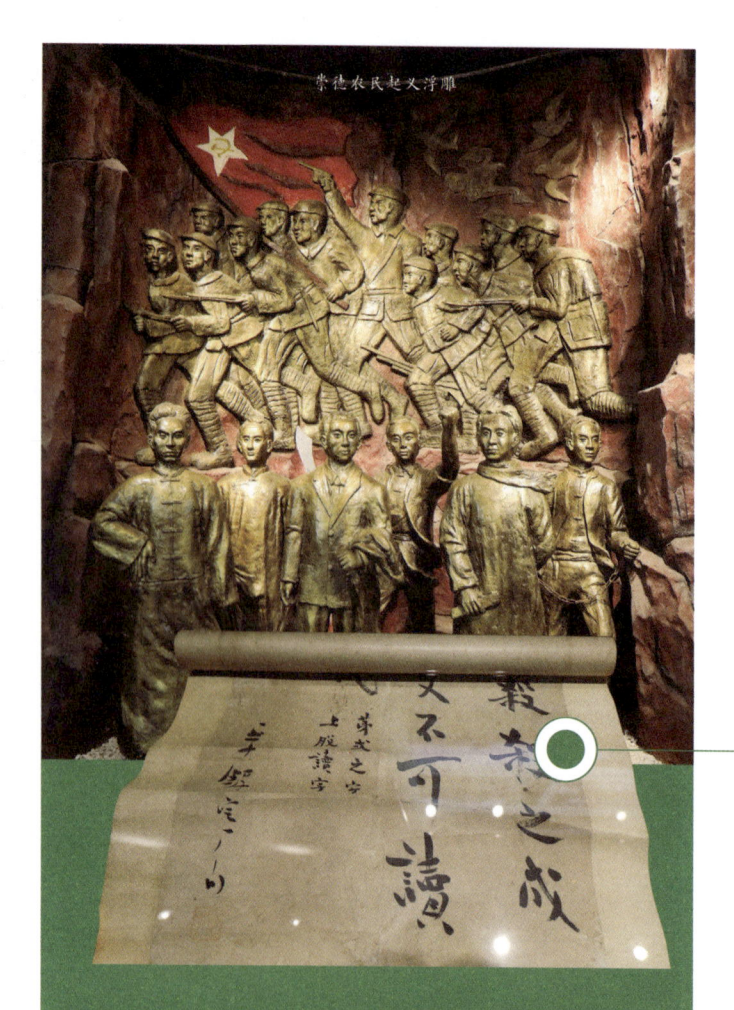

丰都县 NO.72 第七十二站

丰都烈士纪念碑正面

丰都县革命烈士纪念馆于2010年10月修建于丰都县三合街道雪玉路364号，系由原丰都县革命烈士陵园因三峡工程建设被淹复建并更名。该馆占地面积2万平方米，由烈士墓、纪念碑、纪念广场、浮雕墙、休闲广场、绿化地带、景观灯饰、烈士事迹陈列馆等组成，总投资1600万元。烈士墓内安葬了21位革命烈士遗骸（骨灰）。陵园建筑错落，壁雕塑像，松柏苍翠，曲径环绕，木椅间置，环境静谧，墓碑高耸，庄重肃穆，设施齐全，是一个集瞻仰、祭奠、休闲等于一体的多功能革命烈士陵园。革命烈士事迹陈列馆共收集布展图片331幅、实物35件、制作革命遗址沙盘1个；收集编撰红色故事76篇、拍摄红色故事影片（专题片）3部和宣传片1部。近年来，该馆先后被命名为"全国文明优抚事业单位""重庆市国防教育基地""重庆市爱国主义教育基地""重庆市退役军人工作模范单位""县级干部教育培训红色文化现场教学基地"。

TIPS

地理位置：重庆市丰都县三合街道雪玉路364号
开放方式：免费开放，团队参观需提前预约
开放时间：每周一至周五（重要节假日）
　　　　　9:30—11:30，14:30—17:30
联系方式：023-70701190

博物馆里的宝贝

柳亚子给曾季鲁的题词（真迹）

民国三十三年（1944年）9月12日到民国三十四年（1945年）12月30日，柳亚子在重庆期间，曾秘密与中共地下党员曾季鲁见面，并题赠书法词幅。在当时社会条件下，为中共地下党员题写含有相同政治立场且极可能被公开的题词，最合适的做法无疑是借用古人言词诗句。饱学的柳亚子想到龚自珍写的《夜读番禺集书其尾》这首诗。此诗是龚自珍怀念清初文学家广东番禺人屈大钧而作，并称屈大钧的诗文集为《番禺集》（屈大钧清初曾从事抗清活动）。该诗全文：灵均出高阳，万古两苗裔，郁郁文词宗，芳馨闻上帝。齐士不可杀，杀之成天神；齐文不可读，读之伤天民。柳亚子虽明言题词正文是"录定厂句"（"定厂"即"定庵"，乃龚自珍的号），即借用上述诗的后四句，但他题写时却脱写第二个"读"字，意在对具同样政治立场的阅题词的人表示，原诗中的两个"读"字不合他写下的字。因不宜在原句中直接改写，才脱写一个"读"字暗示之。可见柳亚子的题词正文真实含义是：中共地下党员是杀不了的，中国共产党的主张是不容亵渎的。否则，老百姓是不赞同的。

打卡任务

前往丰都县革命烈士纪念碑祭奠缅怀烈士；敬献小白花；向烈士纪念碑行鞠躬礼，向先烈致敬默哀三分钟；瞻仰烈士纪念碑（墓）；参观陈列馆。

达人攻略

护国亭：刘伯承血战丰都，讨袁护国眼致残（分行）

1916年3月，为策应蔡锷讨袁护国军主力入川与川南北洋军"叙泸决战"，刘伯承率川东护国军第四支队长途奔袭攻陷丰都县城，阻滞北洋军增援部队于县城长江下游，完成阻击任务。在攻打丰都县城的战斗中，刘伯承因飞身扑救被攻击战士，被敌子弹击中颅顶，右眼受伤致残，后转移涪陵鹤游坪休整养伤。三个月后，刘伯承潜回重庆临江门宽仁医院治疗，由德国医生沃克主刀。手术中需切除眼眶腐肉，为避免麻醉药损伤神经，刘伯承拒绝麻醉，竟用毅力撑过3小时72刀的漫长手术。沃克叹服，竖大拇指称刘伯承"军神"！

崇德乡农民起义：崇德农军显神威，武装革命惊川渝（分行）

1928年9月26日，中共丰都县委以农民协会为基础，通过争取和改造地方"民团""神兵"等组织，秘密组建崇德农民起义军3000多人并在磨刀洞宣誓起义。之后，农军辗转武平、龙河、五龙、栗子寨等地，攻打民团，捉杀地主、土豪劣绅，开仓济贫，焚烧约契，分田分地，沿途民众揭竿响应，纷纷加入农军，队伍很快扩大到1万余人，并数次粉碎国民党军"围剿"。10月13日夜，川军杨森部龙焕章旅偷袭农军驻地龙河皮家场泡桐河寨，农军寡不敌众，弹药不济，被迫分散隐蔽。11月20日，农军司令陈光鑫带队到彭水联络力量，在暨龙半浸山遭遇"围剿"，随从牺牲，陈光鑫战至弹尽粮绝，力竭气枯后被捕，后在万州被国民党军杀害。至此，崇德农民武装起义宣告失败。

留言墙

刘伯承手术场景

NO.72·丰都县革命烈士纪念馆

垫江烈士陵园

垫江县 NO.73 第七十三站

纪念凉亭

TIPS

地理位置：重庆市垫江县桂溪街道陵园路
开放方式：免费开放
开放时间：08:00—12:00，14:00—18:30
联系方式：023-81865918

　　垫江烈士陵园占地5777平方米，由纪念广场、英烈墙、烈士墓区、烈士塔四部分组成。现有烈士塔1座、烈士墓65座、烈士雕塑8座、纪念凉亭1个、英名墙88平方米、大型战斗群像浮雕墙187平方米、纪念广场1238平方米。1983年烈士塔被垫江县人民政府确定为县级文物保护单位，1988年陵园被垫江县人民政府确定为县级烈士纪念保护单位，2019年陵园被重庆市人民政府确定为市级爱国主义教育基地。

　　新中国成立初期，在垫江征粮剿匪斗争中牺牲了90名烈士，1951年，垫江县人民政府为纪念在征粮工作中被暴匪杀害的革命烈士，修建了垫江县烈士陵园，于1953年修建完成并对外开放。

打卡任务

在烈士塔前合影打卡留念。

烈士陵园

你知道吗？

　　垫江，具有1600多年的置县历史。垫江人民，自古就有"天下兴亡，匹夫有责""杀身求仁，舍生取义""鞠躬尽瘁，死而后已"等传统精神。百年来，许许多多的垫江人在革命、建设、改革的各个历史时期献出了宝贵的青春和生命，涌现出了许多革命英雄模范人物。他们有的是在争取人民解放的战火硝烟中血洒疆场，有的是在敌人的刑场上英勇就义，有的是在保卫新生人民政权的严酷斗争中奉献生命，有的是在捍卫国家主权和尊严中奋勇献身，有的是在如火如荼的社会主义建设中呕尽心血，他们用满腔热血和顽强的革命斗志，书写了一部正气浩然的垫江革命和建设的历史，换来了垫江今天的繁荣富庶。

达人攻略

烈士塔

　　此塔系为纪念和缅怀1950年2月"刀匪暴乱"时壮烈牺牲的烈士，于1952年10月兴建。通高12米，石基砖体结构。坐西向东。塔刹高3米，呈三面棱尖形；塔身高9米，正方凸面；塔基正方形，高2米，边宽5.19米，为八级垂带式踏道。塔身东面浮塑"烈士塔"三字；南面阴刻铭名503字；北面主刻64位烈士姓名、籍贯。南、北面均阴刻有毛泽东语录一句。垫江烈士陵园烈士塔是屹立在大地上的一页革命史书；一块不朽的革命里程碑；一曲悲壮的革命颂歌。塔内绿树成荫，风光美丽，市民常去那里休闲、纳凉，也表达对烈士的哀悼。

英名墙和浮雕墙

　　英名墙88平方米、浮雕墙187平方米。左侧英名墙铭刻着垫江县有资料记载的革命烈士英名，右侧浮雕墙为革命烈士战斗群像。英名墙中间"垫江英烈，千古流芳"八个字是梁光烈将军在题写"垫江烈士陵园"时同时题写的。英名墙目前铭刻有441名垫江籍烈士英名。

烈士塔

垫江烈士陵园英名墙

留言墙

NO.73·垫江烈士陵园

忠县白公祠

忠县 NO.74 第七十四站

丁房阙、无铭阙

白公祠，重庆市文物保护单位、国家 AAAA 级旅游景区、中国华侨国际文化交流基地、重庆市爱国主义教育基地、重庆市干部教育培训现场教学基地。白公祠始建于明崇祯三年（1630 年），是为纪念曾任忠州刺史、唐代大诗人白居易而建的祠庙，与洛阳香山"白园"齐名。基地总占地面积 110 亩，由白园、乐天堂、醉吟阁、四贤亭、乐天诗廊、龙昌寺荷池等景点组成。建筑仿明清风格，依山傍水，清幽静雅，是祀先贤、励后学、赏书画、咏诗文的重要文化旅游胜地。

TIPS

地理位置：重庆市忠县白公街道白公路 28 号
微信公众号：忠州白公祠文博景区
开放方式：售票
开放时间：（冬季）9:00—17:00
　　　　　　16:00 停止售票
　　　　　　（夏季）8:30—17:30
　　　　　　16:30 停止售票
联系方式：023-54215063

博物馆里的宝贝
丁房阙、无铭阙

达人攻略

白园——励后学
白公祠的核心，设"白公生平""与民同乐""泽被山川""诗韵流长"四大展厅，充分展示了白居易伟大的文学成就和勤政爱民的理念，为参观者构建了一个鲜活、立体的白居易。

乐天堂——祀先贤
乐天堂正中展陈的是白公坐像，照壁上题写的《东坡种花二首》，是白居易在忠州留下的最著名的诗篇，反映了白居易体恤底层困苦百姓、以民生为根本的爱民思想。

乐天诗廊——咏诗文
诗廊摘录了白居易在忠州所作的重要诗篇及游客耳熟能详的名篇名句。由书法家用风格各异的楷、行、草、隶书撰写，供游客在长廊中小憩之时吟咏白诗、欣赏书法，享受诗书文化的滋养。

研学课程
基地围绕爱国主义教育，开设了"忠文化""白公文化""非遗薪传·美丽校园""手工拓片""文物知识科普讲座"等系列课程，向游客及学生传播正能量，弘扬真善美。

汉阙是作为壮威仪、表等第的标志性建筑，成对地建在都城、宫殿、祠庙、贵邸等地门前，是我国现存时代最早、保存最完整的仿木结构的地面建筑遗存，具有极高的历史、艺术、科学价值，有"石质汉书"的美誉，是中华文化的瑰宝。基地内的全国重点文物保护单位丁房阙、无铭阙建于东汉中晚期。丁房阙是全国仅存的两处仿木结构重楼式子母双阙之一，也是我国现存最高的汉阙。无铭阙是全国唯一的仿木结构重檐重楼式单出阙。

打卡任务

与汉阙同框。（穿越时空隧道，探寻汉阙足迹，来白公祠与汉阙同框，感悟汉朝雄伟富足的时代气息，解读汉阙的前世今生。）

你知道吗？

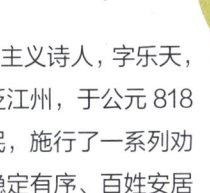

白居易（772—846年），唐代伟大现实主义诗人，字乐天，号香山居士、醉吟先生。因得罪权贵，被贬江州，于公元818年任忠州刺史。在忠州任职期间，勤政爱民，施行了一系列劝农均赋、省事宽刑的惠民政策，使得社会稳定有序、百姓安居乐业，故州民称其为"贤刺史"。在忠州写下近130首思想性、艺术性很强的诗篇，对当时和后世都很有影响。

留言墙

彭咏梧烈士陵园

奉节县 NO.75 第七十五站

陵园大门

彭咏梧烈士墓

彭咏梧烈士纪念台

TIPS

地理位置：重庆市奉节县夔门街道宝塔坪社区巴原街52号

开放方式：免费开放

开放时间：9:00—17:30

联系方式：023-56859626

奉节县彭咏梧烈士陵园于1966年建立在奉节县老县城人民广场北侧，2004年因三峡蓄水搬迁至奉节县夔门街道巴原街。陵园占地20070平方米，建筑面积1178平方米，主要包括彭咏梧烈士墓、烈士事迹陈列室、纪念亭、烈士塑像、纪念碑等10处烈士纪念设施及文物遗址。1995年被署名为烈士纪念设施建筑物保护单位，1977年被列为县级文物保护单位，1998年被命名为重庆市"青少年爱国主义教育基地"和"国防教育基地"。目前，园内设施保护完好，协助社会各界开展爱国主义教育和革命传统教育作用明显，每年接待祭扫群众10万余人次，有效发挥了红色教育基地的功能作用。

你知道吗？

彭咏梧，原名彭庆邦，1915年出生于重庆市云阳县，1938年加入中国共产党，历任中共省立万县师范学校总支书记、云阳县委书记、重庆市委委员、中共川东临委委员兼下川东工委副书记、下川东武装游击纵队政委，领导过重庆学运、《挺进报》和下川东武装斗争。1945年，与江竹筠（小说《红岩》中"江姐"的原型人物）结为革命伴侣。

1948年1月16日，彭咏梧率领游击队突围至奉节和巫溪两县交界的安子山黑沟垴时，为掩护战友不幸壮烈牺牲，遗骸埋葬于奉节县竹园坪对面的宝塔梁下。1951年5月15日，重庆市人民政府批准彭咏梧为烈士。

陵园航拍全景

达人攻略

彭咏梧烈士浮雕

位于陵园内的纪念广场，浮雕正中是用红砂岩雕刻而成的彭咏梧烈士全身塑像，塑像两边的台阶扶手用汉白玉雕刻而成。纪念广场两边建立两组烈士事迹浮雕墙，共有7个主题，分别是萌芽、成长、觉醒、挺进、结缘、牺牲、不朽，充分展示彭咏梧烈士的学习、生活和斗争场景。

彭咏梧烈士陈列室

2004年，奉节县修建并布展彭咏梧烈士事迹陈列室，占地约150平方米，设置展陈室5间。室内展陈以图片为主，主要包括彭咏梧烈士的生平简介、领导川东游击战争的部分工作照片、牺牲后群众瞻仰祭奠的图片等。

研学课程

在"家在奉节"APP平台开通彭咏梧烈士陵园网上预约通道，为研学者提前安排入园日期和授课人。基地常备党旗、团旗、党徽、团徽、入党誓词等教学物资，组建红色文化讲解队伍，开展一等功臣讲革命故事等课程。

陵园内景观花台

彭咏梧烈士全身塑像

打卡任务

在彭咏梧烈士之墓前祭奠缅怀烈士。

留言墙

NO.75·彭咏梧烈士陵园

巫山博物馆

巫山县 NO.76 第七十六站

基本陈列展《巫山 巫水 巫文化》

巫山博物馆是国家二级博物馆，被评为全国文物系统先进集体。馆藏文物5万余件（珍贵文物1422件/套），既有东亚最早人类使用的简单石质工具，也有新时期精美的磨制石器以及夏商周以来地域特色鲜明的各类器物。内设1个基本陈列、3个专题展和2个临时展厅。基本陈列《巫山 巫水 巫文化》完整呈现大巫山地区独特的龙骨坡文化、大溪文化、巫文化；专题展《长河遗珍》展示了四灵西王母鎏金柿蒂形铜牌饰、庖厨俑等汉晋时期精品文物；专题展《灵山毓秀》立足于三峡文物抢救、保护成果，展示巫山从商周到明清厚重的历史文化；"非物质文化遗产展示厅"常年开展三峡皮影戏、踩堂戏等非遗展演。推出的《百年巫山》系列临展深受观众好评。

结合展览，开展写家信、讲家史、树家风等系列主题活动，有巫峡讲坛、巫峡影展、国学兴趣培训等群众文化游学，也有"满汉全习""巫文化中的科学"等亲少年研学活动。通过馆校共建，完成"红叶考古工作室""汉服社"社团建设，举办科普讲解赛、汉服嘉年华等活动。先后创建成为全国家庭亲子阅读体验基地、重庆市科普基地、重庆市爱国主义教育基地等十余项教育阵地，是首批成渝地区十佳科普研学路线的始发站。

TIPS

地理位置：重庆市巫山县高唐街道平湖西路369号
官方微信公众号 & 官方微博：巫山博物馆
开放方式：免费开放，提前预约
开放时间：周二至周日 09:00—17:00
（16:30 停止入馆）
联系方式：023-57629916，023-57629912

博物馆里的宝贝

南北朝灰陶巫师俑

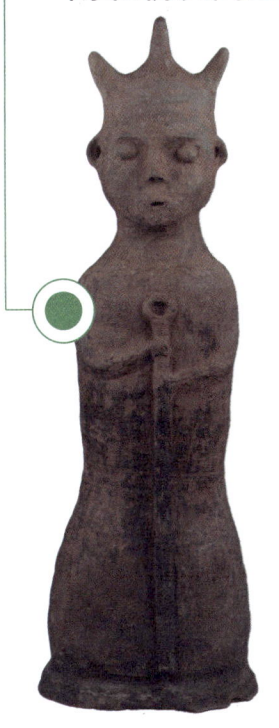

2013年，巫山博物馆联手县公安局成功破获柳树村被盗墓盗卖文物案件，成功追缉回全部文物157件，此对灰陶俑为其中之一。其中独角髻灰陶俑，馆藏一级文物，高95.2厘米、宽28.6厘米、厚29.6厘米。另一件三角髻灰陶俑，馆藏二级文物，高96厘米、宽32.8厘米、厚32厘米。该文物补充了重庆地区南北朝时期少数民族风格陶俑的形象。据专家推测，可能是当时的男性巫师和女性巫师。这两件陶俑体形较大保存不易。受汉俑造型的影响，技法更为朴素，其发饰尤为少见。

打卡任务

在博物馆中找到镇馆之宝或体现远古人类活动遗迹、古代文化艺术、革命与发展历程的文物藏品，用手机制作出藏品的小名片。

达人攻略

巫山博物馆展览大体按年代布展，参观馆内文物，能够领略到从石器时代至改革开放时期漫长的人类历史进程，如同在历史长河中乘坐游船一路欣赏风光，走进古人的世界。

参观爱国主义教育展览

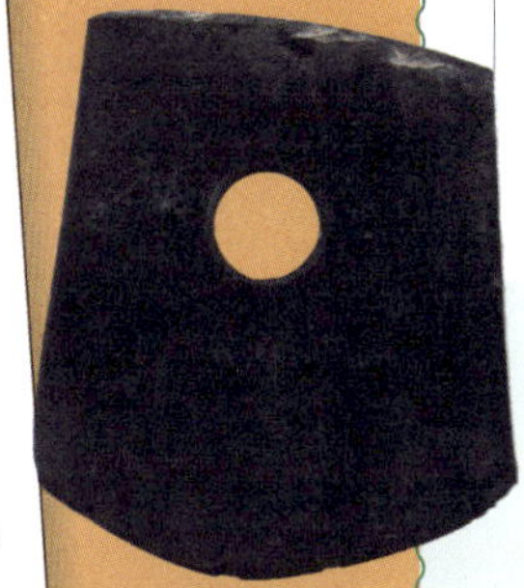

少年中国——李季达的故事研学活动

留言墙

NO.76·巫山博物馆

巫山县竹贤乡下庄村

巫山县 NO.77 第七十七站

下庄像口井，井有万丈深

TIPS

地理位置：重庆市巫山县竹贤乡境内西南端
开放方式：免费开放
开放时间：周二至周日 9:00—12:00，
14:00—17:00（下庄人事迹陈列室）
联系方式：023-57751997

　　下庄村位于巫山县竹贤乡境内西南端，整个村子被"锁"在由喀斯特地貌形成的巨大"天坑"之中，被外界称为"天坑村"。当地民谣称"下庄像口井，井有万丈深"，从"井口"到"井底"，垂直高度一千一百多米，交通极为不便，村民深受贫困之苦。

　　1997年起，下庄村党支部书记毛相林率领全村历时7年，在悬崖峭壁上系着吊绳，靠着锄头、钢钎、铁锤和双手，以最原始的方式抠出了一条长8公里的出山公路，改变了下庄的命运。接下来的十余年中，毛相林继续带领村民探索脱贫致富之路，下庄逐步形成了蓝色（劳务输出）、绿色（西瓜）、橙色（纽荷尔）"三色"经济产业。2015年，下庄村在全县率先实现整村脱贫。2021年，下庄村人均可支配收入达15577元，是修路前的四十多倍。

　　如今，下庄村已成为重庆市级爱国主义教育基地，正通过探索推行"龙头企业+村集体经济组织+农户"特色生态产业发展模式和"干部教育培训+乡村旅游"的乡村旅游发展模式不断向"全国乡村振兴示范村"的目标迈进。毛相林同志先后获得"时代楷模""感动中国2020年度人物""全国脱贫攻坚楷模"等荣誉，以他为代表的下庄人在脱贫致富中展现出的"不甘落后、不等不靠、不畏艰险、不怕牺牲"的精神也成为全国学习的典范。

博物馆里的宝贝
修建"天路"时所用的工具

陈列室展出的修路工具（左下即黄会元生前使用的凿岩机）

下庄修路英雄名册

留言墙

下庄人事迹陈列室展陈有村民们开凿"天路"时所用的铁锹、铁锤、簸箕等工具，修路前、修路过程中的历史影像等展品，其中为修路牺牲的英雄黄会元生前使用的凿岩机是当年村民们最开始修路时唯一的"先进"工具，黄会元听说家乡人民要修路，自费购买了这台凿岩机回村参加修路行动，1999年10月，36岁的黄会元用钢钎撬动被炮炸松的岩石时，被从上方滚下的巨石砸中，摔下悬崖牺牲，这台凿岩机在他离世后继续被其他村民用以修路，发挥余热，凝聚着下庄人不畏牺牲、前赴后继、英勇奋战的精神。

打卡任务

在下庄"天路"上找到一处村民们修路留下的钻孔、木桩等施工痕迹，与之合影。

达人攻略

下庄人事迹陈列室

这里较完整地反映了下庄人追求幸福的奋斗历程和下庄村今昔的变化。

下庄"天路"

这里至今仍然留存着村民们当年修路时留下的施工痕迹，在前往下庄村的途中可以下车近距离感受在悬崖峭壁上修路的艰险，感受下庄人"愚公移山"的气魄。

乡村风情

今天的下庄许多民居都改建成了民宿，前来参观学习的同学们可以入住感受天然的乡村风情，品尝纯天然的农村食品，欣赏下庄村的田园风光和奇异独特的喀斯特地貌。

研学课程

下庄村党支部书记毛相林同志旧居现改建成为"愚公讲堂"，毛相林同志不定期在此讲课，讲述"天路"诞生、下庄村脱贫致富历程及一位共产党人的初心使命。

NO.77·巫山县竹贤乡下庄村

巫溪县博物馆

巫溪县 NO.78 第七十八站

巫溪博物馆 WUXI MUSEUM

巫溪县博物馆阅览区及游客休息区

巫溪县博物馆文化巫溪厅部分馆藏文物

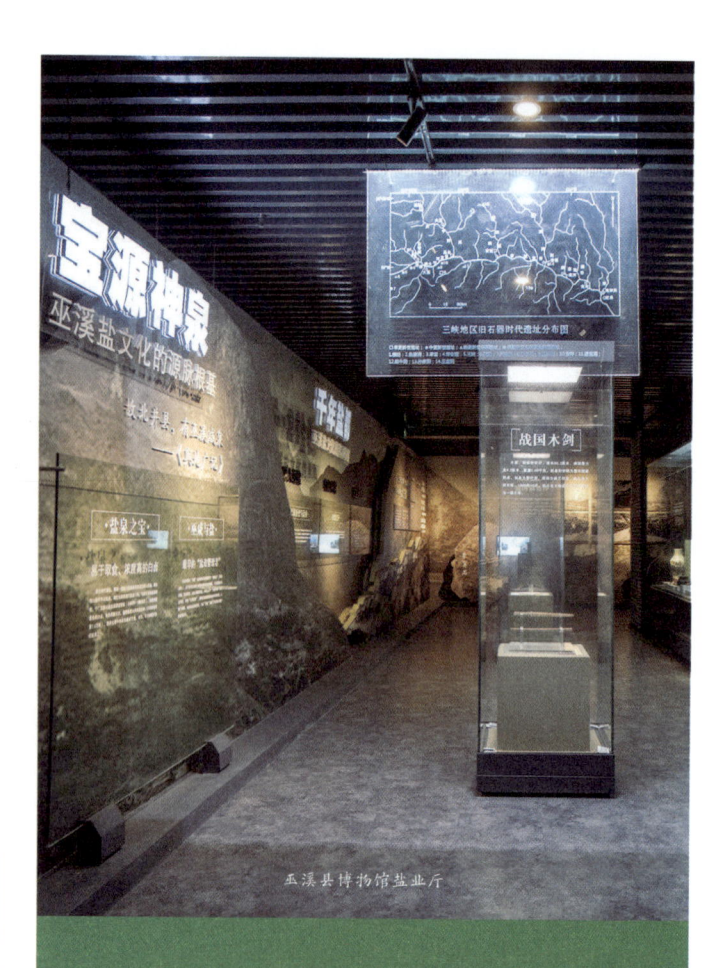

巫溪县博物馆盐业厅

巫溪县博物馆位于巫溪县柏杨街道文景路15号，为巫溪县征集、收藏、展览、公共教育和科学研究一体的综合性博物馆，是常态化开展研讨会的所在地，2021年被命名为市级爱国主义教育基地。

该馆改建于2017年6月，2018年1月正式对外免费开放。总占地面积1230平方米，总建筑面积2770平方米，展厅面积1618平方米。主要展出巫溪人文历史、民俗风情、文化艺术、山水风光等，以图片、文字、实物和模拟场景等形式展示了巫溪深厚的文化底蕴和人文积淀。

现有馆藏文物1026件/套、6444件，其中一级文物1件，二级2件，三级40件，展厅实际展出103件/套。馆内设3个主题展厅（生态巫溪厅、文化巫溪厅、红色巫溪厅），1个临展厅，其中文化巫溪厅又分为悬棺、盐文化、巫文化专题厅。一楼设有阅览区、学术厅，阅览区上架大量巫溪本土文献，可供观众了解巫溪传统文化。

TIPS

地理位置：重庆市巫溪县马镇坝柏杨街道文景路15号
官方微信公众号：巫溪县博物馆
开放方式：免费开放
开放时间：周二至周日 9:00—16:30
联系方式：023-51696796

博物馆里的宝贝
南门湾 1 号悬棺

1989年发掘，棺木为整楠木挖凿而成，盖身子母榫扣合。棺内合葬一男一女，男性26~28岁，女性40岁左右，是百越族系人。骨架表面有竹席和丝麻混纺织物，竹席细软，篾宽仅3毫米，工艺精湛。随葬品有一把带鞘的巴楚青铜剑和一件装饰骨雕。

打卡任务

在博物馆内与任一展品合影打卡。

巫溪县博物馆南门湾1号悬棺

巫溪县博物馆文化巫溪厅之悬棺厅

留言墙

达人攻略

盐文化

巫溪宁厂古镇因"盐"而兴，古镇内宝源山盐泉孕育了五千年盐文化史。巫溪县博物馆文化厅设盐文化专题厅，通过三个单元"宝源神泉——巫溪盐文化的源脉根基""千年盐都——巫溪盐文化的传承发展""因盐而兴——巫溪盐文化的作用影响"讲述了盐文化的起源与发展、制盐工艺及盐文化带来的各方面作用和影响。

巫文化

巫溪，以"巫"闻名，是中国巫文化发源地之一。巫溪县博物馆文化厅设巫文化专题厅，通过三个单元"巫史传统""巫祝故地"及"巫文化的表现"来阐述巫文化的起源与发展。巫文化形式多样，内容丰富，涵盖了人们生产生活的方方面面，祭祀、辟邪驱鬼、招魂、求子、医疗、生产生活、占卜、禁忌、民间文艺等都打上了巫文化的印记，普遍渗透着巫的内容，处处蕴含着巫文化的精髓。

NO.78·巫溪县博物馆

彭水自治县烈士陵园

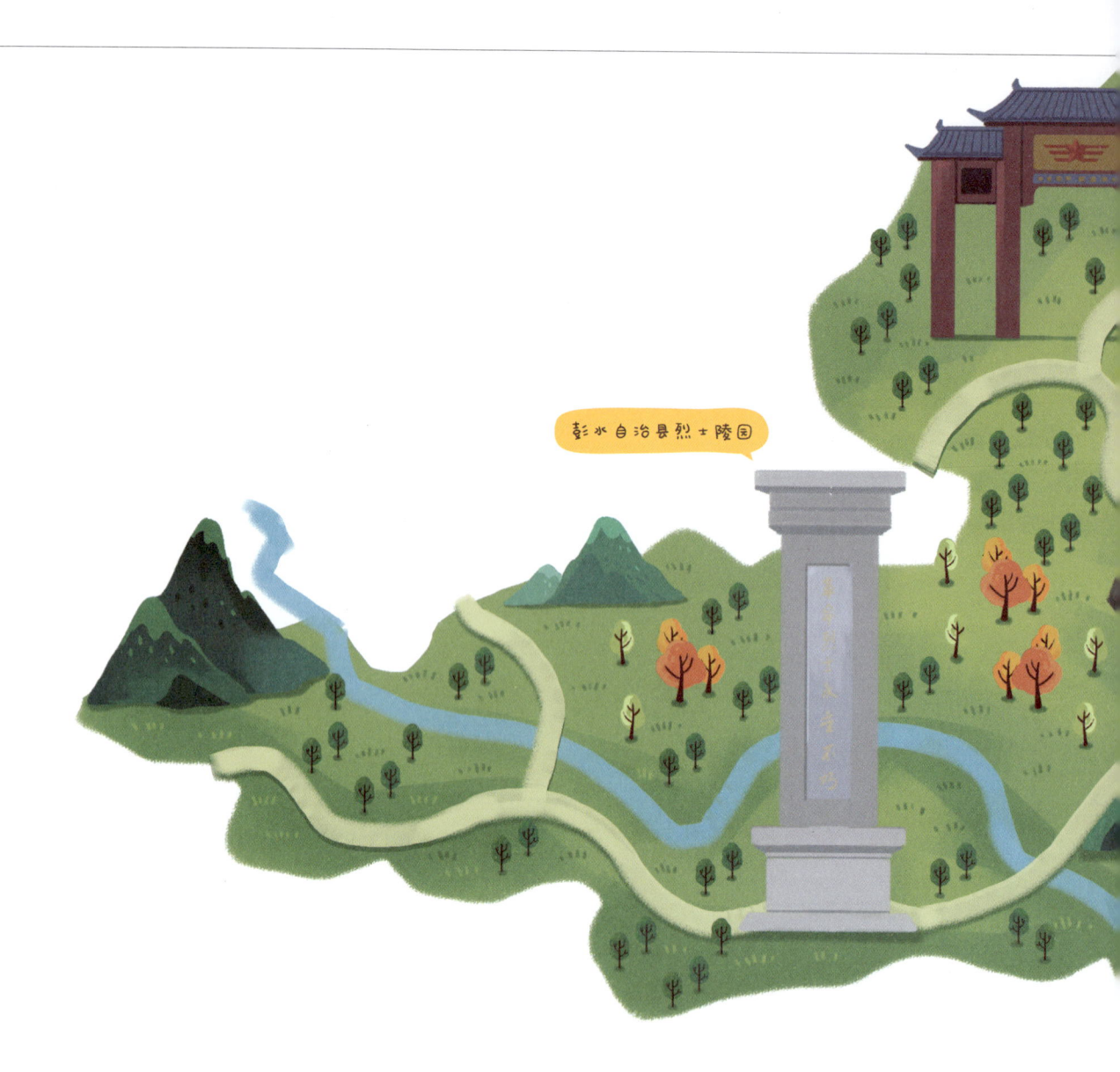

渝东南片区爱国主义教育基地

- 石柱县革命烈士陵园
- 石柱县中益乡华溪村
- 黔江区烈士陵园
- 万涛烈士故居
- 重庆市民族博物馆
- 刘仁同志故居
- 酉阳县烈士陵园
- 南腰界革命根据地
- 中国工农红军第三军倒马坎战斗遗址
- 秀山县革命烈士陵园

石柱县革命烈士陵园

石柱县 NO.79 第七十九站

石柱县革命烈士英名墙

石柱县革命烈士公墓

1984年,在石柱土家族自治县成立之初,为铭记英烈事迹、弘扬革命精神,经县政府同意修建石柱县革命烈士陵园,1984年5月开工修建,1985年完工。陵园占地面积约14亩,建筑面积约700平方米,由大门、浮雕群、石梯、陈列室、纪念碑、烈士公墓、纪念亭等建筑物组成。石柱县革命烈士陵园主要反映的是石柱籍或在石柱县牺牲的革命烈士事迹。石柱县革命烈士陵园于1987年被县政府列为县级烈士纪念建筑物重点保护单位,2012年被重庆市委、市政府命名为市级爱国主义教育基地,2015年被重庆市政府命名为国防教育基地。

TIPS

地理位置:重庆市石柱土家族自治县万安街道南宾路23号附2号

开放方式:免费开放

开放时间:9:00—12:00,14:30—18:00

联系方式:023-73300717

博物馆里的宝贝
王顺蛟烈士生前最后一封家书

"亚洲流氓很凶残,全球怒火冲天燃。今日兴师荡越寇,明朝高奏凯歌还。"这首无题诗来自对越自卫反击战一等功臣王顺蛟烈士生前最后一封家书,目前珍藏在石柱县革命烈士陵园陈列室。王顺蛟同志在这封家书中写道:"儿一定照家父赠言办事,集中精力,带兵打仗,打出中国人民解放军的威风来。"1979年2月17日,王顺蛟连长怀揣"迅速勇猛"的锦旗走上了战场,奉命率领尖刀连打阻击战,连续打退敌人数十次冲锋。2月23日,敌军倾泻1200多发炮弹,其中一发炮弹落在王顺蛟同志跟前,弹片炸进王顺蛟的左眼,鲜血夺眶而出,他倒在地上。没过多久,王顺蛟从昏迷中惊醒,他咬牙爬起来,摸着手榴弹拼命投向敌人,直至战斗到生命的最后一刻。王顺蛟同志壮烈牺牲,也没有让敌军前进一步。王顺蛟烈士在这封家书中不胜感慨:"大年初一建'新房',百万雄师压边疆。群山化作千尺剑,斩尽人间狗豺狼。"

达人攻略

革命烈士纪念碑

革命烈士纪念碑矗立在石柱县革命烈士陵园的顶峰,碑身由大理石和条石砌成,碑身正面刻有"革命烈士纪念碑"7个鎏金大字,碑身背面刻有"革命烈士永垂不朽"8个鎏金大字;碑座上刻有碑文。

革命烈士公墓

石柱县革命烈士陵园西侧坐落着革命烈士公墓,埋葬了8名无名烈士,公墓后面是革命烈士英名墙,烈士英名墙上分别雕刻了石柱籍或在石柱县牺牲的革命烈士的名字,以供瞻仰者记住他们的英名,代代相传。

陈列室

建筑面积99.75平方米,展陈内容主要分成两部分:第一部分主要展陈了石柱县12名革命烈士的英勇事迹、烈士证明文书及部分遗物。第二部分主要用大量篇幅文字,讲述了石柱县红色革命的历史过程和石柱县英烈们的英勇事迹。

研学课程

利用重大节日、纪念日,开展祭扫、纪念活动;利用寒暑假组织开展青少年学生冬令营、夏令营活动,扎实做好红色故事讲解,教育青少年学生传承和发扬爱国主义精神。

打卡任务

根据不同时代、不同藏品的分类线索,从革命烈士陈列室的橱窗中,找到对越自卫反击战中牺牲的王顺蛟烈士遗物,并与王顺蛟烈士授奖的搪瓷杯合影留念,获得听取王顺蛟烈士事迹讲解机会。

石柱县革命烈士陈列室

留言墙

NO.79·石柱县革命烈士陵园

石柱县中益乡华溪村

石柱县 NO.80 第八十站

石柱县中益乡华溪村初心邮局

石柱县中益乡华溪村初心广场

华溪村位于中益乡中部，全村海拔在800至1400米之间，辖4个村民小组，面积22.36平方千米，其境内山峦重叠，沟壑纵横，气候温和，雨量充沛，森林覆盖率达85.3%，是名副其实的天然氧吧。华溪村的引领产业以"初心"为主题，以初心学院、初心小院、初心广场、连心大院为支撑，围绕"团建+研学+亲子游"开展研学乡村游。中华蜜蜂谷、蜜蜂科普馆、偏岩坝是游客的热门打卡点。

2019年4月15日，习近平总书记亲临中益乡视察，看望慰问贫困户、老党员，同村民代表、基层干部、扶贫干部、乡村医生等围坐在一起，摆政策，聊变化，谋发展，并鼓励大家："乡亲们要一起奋斗，努力向前奔跑，争取早日脱贫致富奔小康。"2019年12月，华溪村被评为"全国乡村治理示范村"。2020年9月华溪村被文化旅游部评为"全国乡村旅游重点村"。2021年1月被国家司法部、国家民政部评为"全国民主法治示范村"，支部书记王祥生被评为"全国劳动模范""全国优秀共产党员"。

TIPS

地理位置：重庆市石柱县中益乡华溪村
官方微信公众号：中益研学
开放方式：免费开放
开放时间：全天
联系方式：023-73213456，023-73317001

发报机

幸福米米茶

打卡任务

找到"初心石",开展红色主题教育活动,并拍一张合影。

留言墙

达人攻略

初心学院

位于中益乡华溪村中心组,总建筑面积约5800平方米。周边环境优雅,青山环绕,绿树成荫。建筑风格独特,形似五星环绕,韵似滴水悬空,意为"饮水思源、不忘初心,水滴石穿、同心共进"。学院集初心展览、教育培训、旅游观光于一体,可同时接待150人集中培训学习。

初心小院

初心小院位于华溪村先锋组,2019年4月15日,习近平总书记来到该小院看望了贫困老党员马培清,并召开座谈会发表重要讲话。2019年5月至今,此处陆续布置了习近平总书记亲临中益乡视察调研照片及重要指示精神,建设了主题邮局、初心书屋等学习、体验阵地,现作为习近平新时代中国特色社会主义思想传播阵地。该小院连同初心广场,成为华溪村最重要的打卡地。

初心广场

该广场与初心小院相连,布置了习近平总书记亲临中益乡视察调研照片及重要指示精神及入党誓词、初心石。现作为习近平新时代中国特色社会主义思想传播阵地,共产党员初心教育基地,引导我们回顾初心,洗涤心灵的尘埃。

研学课程

在华溪村,同学们可以体验一次"初心之旅":围绕初心小院开展主题活动,学习领会总书记重要讲话精神;沿着总书记的足迹,重走华溪;到初心邮局寻找20世纪80年代的记忆(体验如何用发报机);喝一杯初心奶茶,品一碗土家特色的幸福米米茶,感受浓浓土家情;到初心书屋细品中益的故事,阅读中益本土书籍;在马培清老党员家倾听一粒米的故事(从耕三余一到耕一余三,呼吁同学们珍惜粮食);到初心广场重温一次少先队员誓词(以仪式感增强"请党放心,强国有我"的热情);到初心学院聆听一堂微党课,寻找自己的初心使命。

NO.80·石柱县中益乡华溪村

中国工农红军第三军倒马坎战斗遗址

秀山县 NO.81 第八十一站

通往纪念碑的廊道

中国工农红军第三军倒马坎战斗纪念碑

红三军倒马坎战斗遗址纪念碑碑文

TIPS

地理位置：重庆市秀山土家族苗族自治县隘口镇坝芒村长五间组

开放方式：免费开放

开放时间：全天

联系方式：023-76611549

中国工农红军第三军倒马坎战斗遗址位于秀山县隘口镇坝芒村长五间组，小地名庙董。1985年，县人民政府在倒马坎的庙董建纪念碑一座。原红三军九师政委、全国人大副委员长廖汉生题写碑文"中国工农红军第三军倒马坎战斗纪念碑"。1977年倒马坎战斗遗址被列为县级文物保护单位。2007年被命名为县级爱国主义教育基地，2009年被重庆市委、市政府命名为市级爱国主义教育基地。

红三军倒马坎战斗遗址全景

达人攻略

纪念碑

中国工农红军第三军倒马坎战斗遗址中心主体有一座纪念碑，碑体高30米。碑文由开国将领、时任全国人大常务委员会副委员长廖汉生亲笔题词"中国工农红军第三军倒马坎战斗纪念碑"，气势雄伟磅礴。纪念碑周围青山怀抱，溪水长流。

"倒马牵羊"的故事

传说在清朝曾有一名官员骑马路过此地，因道路狭窄，地势险要，不慎跌下深沟，马死人亡，从此以后这里就被称为"倒马坎"。贺龙在研究战斗方案时，幽默地说：这一仗一定要打好，不仅要倒他的"马"，还要牵那只"羊"！（"羊"谐音"杨"，意指倒马坎战斗中敌方任总指挥的秀山西路团防头子杨卓之。）

研学课程

基地将红色文化与乡村振兴结合起来，引导学生开展重走红军路、听红军故事、体验红军生活等研学活动；另一方面为丰富群众文化生活，将红军过隘口的故事做成节目展演，激励群众不忘过去，在小康路上奋发有为。

你知道吗？

倒马坎是贵州至秀山的咽喉要道。1934年6月1日，红三军攻占贵州沿河县城，迅速挺进南腰界，一路势如破竹。川黔两省的国民党军政要员大为震惊，慌忙调集各路兵力，成立"剿共联防指挥部"，对红三军进行"追剿"。秀山西路团防头子杨卓之任总指挥，利用倒马坎地势险要，派驻300多精选队员在此重点设防，并修碉堡、设路障，将前哨阵地延伸到倒马坎前的坝芒街上。同时派700多人在倒马坎左、右两翼，选择有利地形埋伏，妄图凭借他这条号称是"固若金汤的万里长城"，阻止红军进入秀山。

1934年8月，为了进一步扩展革命根据地，贺龙决定向秀山南部进军。倒马坎作为红军从南腰界经贵州甘龙口进入秀山县境的必经之路，山高林密，悬崖陡峭，车马难行。贺龙与红七师师长卢冬生仔细研究战斗方案，又亲命七师主力兵分两路割裂敌方防御体系对倒马坎实行钳形攻击，一举将其攻克，终使所谓"千里防线"全线崩溃。红军乘胜追击，于次日直捣杨卓之老巢平所，抄了杨卓之等土豪的家，捣毁了敌人的通讯电话线，杨卓之慌忙逃进秀山县城。

倒马坎战斗，打死打伤敌人多名，俘敌40多人，获枪30余支，一举突破杨卓之所谓的"万里长城"，打通了贵州至秀山的通道。倒马坎战斗的胜利，打击了反革命气焰，壮大了红军声威，为红三军进军秀山，进一步开拓湘鄂川黔革命根据地扫除了障碍。

打卡任务

在纪念碑前合影留念。

留言墙

秀山县革命烈士陵园

秀山县 NO.82 第八十二站

达人攻略

烈士纪念碑

秀山县革命烈士陵园有一座革命烈士纪念碑，碑体正面楷书"革命烈士纪念碑"七个镏金大字，碑高24.1米。每逢重要时间节点，很多干部群众皆自发前往纪念碑前为烈士敬献鲜花、擦拭墓碑，祭奠和缅怀革命先烈。

烈士陈列室

烈士陈列室内有17位烈士生平简介。均为在革命战争年代、抗美援朝战争、保卫祖国边防以及社会主义建设事业中做出贡献而牺牲的烈士，陈列室建成后丰富了展陈内容，让更多的群众了解英烈，铭记他们的伟大功勋。

研学课程

基地常年邀请革命老战士，讲过去的战斗经历，请烈士家属讲烈士生平事迹，请解放军官兵讲现代国防知识，让大家加深领会爱国主义的内涵，更加厚植爱国主义情怀。

留言墙

秀山县革命烈士陵园，位于官庄街道乜敖居委会，建于2004年，2005年竣工。目前全园占地面积30.5亩，建筑面积800平方米。现陵园有迁至的烈士墓1座、烈士纪念碑1座及可同时容纳500人祭扫的纪念广场、展览陈列室。陈列室内安放烈士骨灰盒55个及17位烈士简介。其中有1952年5月1日为帮助朝鲜人民春耕遭敌炮弹击中壮烈牺牲的二级爱民模范任廷昌烈士；有1963年7月8日在秀山北门桥抗洪抢险中牺牲的驻秀7822部队班长万义洲烈士等。秀山县革命烈士陵园，于2007年被秀山县委、县政府命名为县级爱国主义教育基地，于2021年10月15日被重庆市委办公厅、市人民政府办公厅命名为第七批重庆市爱国主义教育基地。

打卡任务

在烈士纪念碑前合影留念。

TIPS

地理位置：重庆市秀山土家族苗族自治县官庄街道乜敖居委会

开放方式：免费开放

开放时间：全天

联系方式：023-76860211

黔江区 NO.83 第八十三站

黔江区烈士陵园

红军烈士之墓

黔江区烈士陵园园区图

黔江区烈士陵园位于城东街道下坝社区三元宫路，主要由1座烈士纪念馆、3座纪念碑、1方区级文物保护碑、22座烈士墓组成。1933年12月22日，为贯彻中共中央湘鄂西分局"大村会议精神"，创造湘鄂川黔新苏区，中国工农红军第三军从湖北省咸丰县活龙坪出发，奇袭大路坝、轻松取中坝、攻占黔江城，在黔江开展了1周的革命斗争，播下了革命火种，涵养了鱼水深情，为湘鄂川黔革命根据地的建立举行了一个奠基礼。为铭记红三军在黔江的革命功勋，缅怀革命先烈，特建此园。

黔江区烈士陵园是黔江集纪念、祭扫、教育等功能为一体的爱国主义教育基地，是黔江区各学校、机关、企业等单位开展爱国主义教育的首选之地。每年春节、清明节、烈士纪念日等时间节点都会开展烈士纪念活动。烈士陵园年均接待祭扫人群3万余人次。

达人攻略

烈士纪念碑

碑为石质，柱状，四方体，由火炬、碑身、基座三部分组成，碑高2米、宽0.6米，碑座高1.3米、宽1.38米，碑冠高0.9米，火炬高0.4米，通高4.6米，正面阴刻魏体"红军革命纪念碑"，背面阴刻红三军1933—1934年在黔江开展革命斗争的史实，两侧分刻毛泽东的七律诗《长征》《到韶山》，其后石碑上竖刻红军的任务和纪律。

打卡任务

在红军革命纪念碑前合影留念。

留言墙

TIPS

地理位置：重庆市黔江区城东街道下坝社区三元宫路
开放方式：免费开放
开放时间：周一至周五9:00—17:00
联系方式：13594963860

NO.83·黔江区烈士陵园

黔江区 NO.84 第八十四站 万涛烈士故居

万涛故居俯瞰图

你知道吗？

万涛，原名万诗楷，号铁民，化名王德，土家族，1904年1月20日出生于四川省黔江县正谊乡第3保（今重庆市黔江区冯家街道桂花社区2组），中国共产党党员，湘鄂西革命武装和根据地的创建人之一，中国工农红军第三军前委书记、政治委员，革命烈士，于1932年牺牲。

万涛烈士故居又称万涛故居，位于冯家街道桂花社区2组，是湘鄂西革命武装和根据地的创建人之一——万涛烈士的故居。故居坐北朝南，建筑面积1234平方米，保护面积1300平方米，于2004年11月被中共重庆市委、市人民政府命名为重庆市爱国主义教育基地。故居陈列了万涛同志的生平简介、照片，红三军经过黔江留下的文物、图片和文字资料，万涛居室、书房、学习用品及其家人生产生活用具等。

达人攻略

2004年，为纪念万涛烈士诞辰100周年，重庆市黔江区人民政府对万涛烈士故居进行修缮。在修缮故居的同时，在前厅内建设万涛烈士陈列馆，使用房屋5间（含工作室）。2005年10月20日正式开放。陈列的门头为"万涛烈士陈列馆"，陈列的标题为"红三军政委万涛事迹展览"，分为万涛生平、革命经历、革命功绩、被诬殉难、英名永垂5个板块。其中，革命功绩分为创建苏区、扩展苏区、巩固苏区、捍卫真理4个子板块，文字近1万字、图片（表）136张，实物13件。

打卡任务

在故居任一处合影留念。

TIPS

地理位置：重庆市黔江区冯家街道桂花居委北100米处
官方微信公众号：万涛故居
开放方式：免费开放
开放时间：9:00—12:00，14:00—17:00（周一、周二闭馆）
联系方式：13896877308，13896868567

留言墙

重庆市民族博物馆

黔江区 NO.85 第八十五站

博物馆里的宝贝

唐钟

　　钟高143厘米，口径78厘米，口围240厘米，钟顶为双龙钮柄，钟身有几何线纹图案，钟腹镌刻有38个大字："金紫光禄大夫工部尚书兼黔府都督御史大夫持节充本道观察处置选补等使开国公赵国珍"。赵国珍，唐天宝年间（742—756年）统领黔中凡十余年，社会安定，百姓称颂。黔府即黔中郡，领六县，兼置都督府。郡治在今彭水县汉葭镇。黔江为其属县之一。赵国珍铜钟原置于原黔江县城北玉皇阁。该铜钟虽"屡经火劫，完好如初铸，叩之，声宏大而远闻，余音愈时不歇"。黔江历史上有名的古十二景之"金钟飞韵"即是指此。

留言墙

　　重庆市民族博物馆位于黔江区新华大道西段512号，于2003年建成，2004年9月正式对公众开放，是重庆市首家民族博物馆，也是武陵地区唯一的省市级民族博物馆。博物馆背靠黔江河，毗邻黔城客厅——武陵水岸，是展示重庆市少数民族文化和黔江区经济社会、自然资源的窗口，是第一批全国民族团结进步教育基地和重庆市爱国主义教育基地。博物馆外观是典型的土家吊脚楼建筑风格，占地面积1200平方米，建筑面积9265平方米，展厅面积近3000平方米，设有序厅、历史时空、美好家园、生产生活、民风民俗、民间艺术和创民成果展、"四史教育学习"等展厅。

打卡任务

在唐钟前合影留念。

TIPS

地理位置：重庆市黔江区新华大道西段512号
开放方式：免费开放
开放时间：周二至周日 9:00—17:30
　　　　　　（16:30闭馆）
联系方式：023-79237025

酉阳县烈士陵园

酉阳县 NO.86 第八十六站

酉阳烈士纪念馆

酉阳烈士纪念馆展陈

酉阳县烈士陵园位于酉阳土家族苗族自治县龙潭镇赵庄社区，占地108亩，建筑面积1000余平方米。主要包括烈士纪念馆、凭吊广场、烈士纪念雕塑等纪念性建筑物。烈士陵园安葬了57位有名烈士，合葬大墓安葬有无名烈士约30名。陵园内建有烈士英名墙，英名墙上镌刻着612位烈士英名。1997年被命名为重庆市爱国主义教育基地，2004年被列为第一批市级保护烈士陵园。

TIPS

地理位置：重庆市酉阳土家族苗族自治县龙潭镇赵庄社区

开放方式：免费开放

开放时间：8:30—11:30，14:00—17:30

联系方式：023-75581886

酉阳县烈士陵园

你知道吗？

建党之初和大革命时期，酉阳人民觉醒了，众多有识之士积极投入革命的洪流，在探索救国救民道路中找到了马克思主义，成为革命的中坚。中国共产主义运动的先驱者、中国共产党组织的创建者之一赵世炎、坚持狱中斗争的杨晟、成都"二·一六"事件殉难的石邦榘、碧血洒金沙的蔡涛等，无一不是用血写的诗篇，为酉阳的历史增添了光辉的画卷。

土地革命战争时期，贺龙率领红三军建立了以南腰界为中心的黔东特区（省苏维埃政权），建立了南腰界、唐家溪、大坪盖、龙池等区、乡苏维埃政权和游击大队，并迎来了与长征先遣队红六军团在南腰界的胜利会师。红军师长王光泽、苏区英烈池宽成、陈良玉、符功荣、石维珍（贞）等一批红军将士和苏区干部，以血染的风采谱写了中华历史的新篇章。

优秀的酉阳儿女，为了人民的利益和国家的安全，做出了无私的奉献。赤胆献身的田伯谦，抗美援朝特级战斗英雄冉隆发，解放酉阳时期英勇捐躯的韩发孔、汤化赞、谷成林、计子炎、张荣美等，中印边境自卫反击战的一等功臣李文荣，对越自卫反击战中英勇杀敌、壮烈牺牲的杨通海烈士等，以碧血丹心、浩然正气，为人民所千古传颂。

达人攻略

烈士纪念馆

酉阳县烈士纪念馆陈列展览主要以文字、图片形式，反映大革命时期、土地革命时期、解放战争时期等历史事件和历史人物。

烈士英名墙

烈士英名墙上镌刻着612名英雄烈士的名字。英名墙建成后吸引了大批群众前来瞻仰悼念，起到了重要的爱国主义教育作用，让更多的群众了解英烈，铭记他们的伟大功勋。

研学课程

为缅怀革命先烈，赓续红色血脉，基地组织向烈士敬献花篮，瞻仰烈士雕像，入党、入团、入队宣誓活动；以爱国主义教育为主线，开展"追寻烈士足迹，感怀峥嵘岁月"主题教育，通过参观烈士纪念馆和瞻仰烈士墓，聆听英烈故事，感悟英勇事迹，增强理想信念，践行初心使命。

打卡任务

找到"烈士塑像群雕"，与之合影留念。（线索提示：上面刻有"人民英雄永垂不朽"八个大字。）

留言墙

NO.86·酉阳县烈士陵园

刘仁同志故居

酉阳县 NO.87 第八十七站

刘仁同志故居大门

刘仁同志故居全景

刘仁

刘仁同志故居位于酉阳土家族苗族自治县龙潭镇五育村，故居占地面积1007.8平方米，建筑面积168平方米。院墙为多边形，正房为木质结构，硬五间布局，堂屋正门悬挂全国人大常委会原委员长彭真题写的"刘仁同志故居"匾额。素面台基，阶梯式踏道。另有杂物间2间、厕所2间、青石板院坝。2009年10月，被命名为重庆市爱国主义教育基地，2009年12月被列为重庆市文物保护单位。

TIPS

地理位置：重庆市酉阳土家族苗族自治县龙潭镇五育村

开放方式：免费开放

开放时间：9:00—16:30，全年无休

联系方式：023-75556022

你知道吗？

刘仁（1908—1973年），原名段永鹡，酉阳县龙潭镇五育村人，在此度过了他的童年和少年时代。1923年毕业于龙潭高等小学，1924年考入北京华北中学，从此离开酉阳开始了他光辉灿烂的一生。

刘仁同志1927年加入中国共产党。先后在北京、上海、武汉、天津等地从事党的地下工作，领导工人运动。1948年他及时向中央汇报了敌人妄图偷袭党中央、毛主席所在地西柏坡的重要情报，中央立即采取了措施，粉碎了敌人的阴谋。他还为紧密配合解放军解放天津，促成北平和绥远的和平解放，做了大量工作。新中国成立后担任中共北京市委组织部长，市委副书记，市委第二书记，中央华北局书记处书记，为首都社会主义革命和建设事业，献出了全部精力。

"文化大革命"期间，刘仁遭到林彪、"四人帮"的诬陷，被残酷斗争和无情打击达五年之久。他坚持原则、坚持真理、无私无畏，同林彪、"四人帮"进行了坚决斗争，表现了一个共产党员的坚定立场。1973年10月26日在北京含冤逝世，终年65岁。1979年2月21日，中共中央为他举行了追悼大会，彻底进行了平反昭雪。称他为"中国共产党的优秀党员、久经考验的无产阶级战士、北京市人民的好领导"。

彭真委员长题写的"刘仁同志故居"匾额

达人攻略

故居主体建筑

刘仁同志故居属清代木质结构，五柱四骑瓦房，高6米、长23米。堂前亮柱两根，錾花鼓形磉墩，细錾石阶沿，青石院坝，四步石梯直上堂屋，六合大门，冬瓜花窗。室内后壁方格小窗，推窗远眺，后山景色尽收眼底，正房右为厨房，左为两间厢房，其后偏檐拖步为牛栏、灰厂。院墙为多边形，八字朝门。堂屋正门悬挂全国人大常委会原委员长彭真题写的"刘仁同志故居"匾额。在这里，刘仁同志度过了他的童年和少年时代。

研学课程

积极开展爱国主义教育、革命传统教育和青少年思想道德教育活动。

打卡任务

在刘仁同志故居大门前合影留念。

留言墙

南腰界革命根据地

酉阳县 NO.88 第八十八站

大坝祠堂战斗遗址

中国共产党十大政纲题刻

TIPS

地理位置：重庆市酉阳土家族苗族自治县南腰界镇南界村

开放方式：免费开放

开放时间：每天 9:00—16:30，全年无休

联系方式：023-75556022

　　南腰界革命根据地位于重庆市酉阳土家族苗族自治县西南部南腰界镇，距酉阳县城 80 余千米。是贺龙、关向应等老一辈无产阶级革命家领导创建的以南腰界为中心的湘鄂川黔革命根据地，是湘鄂川黔革命根据地的重要组成部分。湘鄂川黔革命根据地的创建，胜利地实现了红三军的战略转移，为红二、六军团会师创造了条件，有力策应了中央红军胜利长征。南腰界革命根据地至今仍完好地保存有南腰界红三军司令部旧址，大坝祠堂战斗遗址，红二、六军团会师大会会址，中国共产党十大政纲题刻旧址，南腰界区苏维埃成立大会会址，红军烈士墓，红三军政治部，红军大学，红军街，红军寨等五十余处红军战斗遗址遗迹，是武陵山区革命文物体量最大、保存最完好、最具震撼力的革命根据地。

　　南腰界革命根据地是全国红色旅游经典景区、国家国防教育示范基地、重庆市爱国主义教育基地、重庆市青少年教育基地，红三军司令部旧址是全国重点文物保护单位。

博物馆里的宝贝

中国共产党十大政纲题刻

中国共产党十大政纲题刻旧址

中国共产党十大政纲题刻旧址位于南腰界红军街。1934年6月，贺龙率领的红三军进驻南腰界后，为了宣传党的政策，由红三军宣传队长樊哲祥同志（曾任北京炮兵学校校长）用毛笔在南腰界场的四方塔式土地庙（原水晶宫）粉壁墙上，书写了中共六大的《十大政纲》。当年，南腰界游击大队成立，就是以《十大政纲》为誓词宣誓参加革命，南腰界人民为保留标语，用加盐巴的石灰水描摹字迹，再用黄泥巴、草木灰和锅烟灰进行涂抹，使其标语得以完整保存。直到全国解放，游击队长冉隆昌回到家乡，取出珍藏的红旗，讲述了红旗、大刀和《十大政纲》的故事。根据其回忆，用小刀慢慢刮去熏烟，使字迹重显，由县文物管理所复制修补恢复。

打卡任务

找到"大坝祠堂战斗遗址"，在那里拍照打卡。

达人攻略

南腰界红三军司令部旧址

南腰界红三军司令部旧址位于酉阳县南腰界镇上的余家桶子。院内司令部设有中共湘鄂西中央分局的会议室，贺龙、夏曦、关向应的办公室和宿舍以及警卫室、参谋处、通讯科等办公室。院坝中有两棵贺龙亲手栽的花红树苍劲有力。红三军以此为中心开辟了湘鄂川黔革命根据地。

红二、六军团会师大会会址

红二、六军团会师大会会址位于南腰界镇南界村猫洞大田，原是一片稻田，现是修葺一新的红二、六军团会师广场。原会师主席台西坡麓矗立着"南腰界革命根据地"纪念排楼。纪念排楼有一副对联，"策应长征，军民携手共建根据地；会师仗剑，星火燎原映红苏维埃"，讲述着那段激动人心的红色往事。

大坝祠堂战斗遗址

大坝祠堂战斗遗址位于川黔交界处的南腰界大坝村，是一座砖砌、石围、四角天井的冉氏宗祠，是南腰界国民党团总冉瑞廷的一个反革命据点。大坝祠堂战斗是红三军在南腰界战史上的一次著名攻坚战，现在还可以清晰看到当年战斗的印记：祠堂四周围着厚厚的石墙，瞭望的碉堡，射击孔，被土炮轰炸的缺口等。

研学课程

基地编写有南腰界革命根据地、南腰界红三军司令部旧址解说词和红军故事，再现了当年红军在南腰界革命根据地打土豪、分田地的战斗生活场景。

留言墙

彭水自治县烈士陵园

彭水县 NO.89 第八十九站

彭水自治县烈士陵园革命烈士纪念碑

清明节干部职工在彭水自治县烈士陵园开展扫墓活动

彭水自治县烈士陵园，原名东门坡烈士陵园，位于彭水县汉葭街道东门坡，始建于1967年，陵园南北长51米，东西宽59米，整个陵园占地面积2325平方米，烈士墓区面积452平方米。园中东边为森林地，上部为墓地，下部为广场，中部为革命烈士纪念碑。1967年，县人民政府为激励后人继承遗志，兴建汉葭烈士陵园，立塔铸碑。陵园东西北3面处在原319国道线（现为4级公路）的环绕之中。

为发扬光大英雄精神，彰显其不朽壮举，2007年3月，县人民政府投资145万元对烈士陵园进行大规模的修葺。烈士墓群原大小不一、参差不齐的现象得到改变，56座墓碑均整齐排列。同时对纪念碑也进行了重新浇筑，显得格外庄严、雄伟。2010年，彭水自治县烈士陵园被命名为县级爱国主义教育基地。2019年，彭水自治县烈士陵园被命名为市级爱国主义教育基地。烈士陵园年参观量超过10万人次。

TIPS

地理位置：重庆市彭水苗族土家族自治县高家台街20号附近（彭水县城山谷公园内）

开放方式：免费开放

开放时间：9:00—17:00

联系方式：023-81561890

少年儿童向革命烈士敬献鲜花

达人攻略

📍 陵园环境

墓台及边沿祭祀坝子周边有 1.2 米宽、0.5 米高的瓷砖镶花台，植有万年青、柏树、法国梧桐等树木 66 株。东西则是 200 余平方米的森林。陵园门成三重飞檐斜山式，高 13 米、宽 11 米，门楣镶嵌"烈士陵园"匾额；楹柱左镌：革命精神传后人，右镌：烈士浩气贯天日，全阴刻。门顶端是琉璃瓦状，彰显金碧辉煌之气势，门侧及门下阶梯扶手均雕有花纹。正面仰视门面大壁，给人以古色古香之感。

📍 纪念碑

位于烈士陵园中部，坐东北朝西南，高 12 米，底座呈长方形，长 4 米、宽 3 米。四周围栏呈正方形，边长 9.1 米。碑正面书"革命烈士永垂不朽"8 个字，背面记述从土地革命时期到社会主义建设时期，为彭水解放、民族独立和国家富强献出宝贵生命的同志的英勇事迹。

📍 革命烈士公墓

位于烈士陵园上部，安葬着彭济民、刘伯容、霍询、向希平、孙德华、安仲昆等 31 位不同革命历史时期牺牲的烈士和 25 位在彭水工作病故的机关干部。

打卡任务

首先，在烈士陵园入口设置的留言板处写下自己的红色感言；随后，根据园内工作人员提供的线索进入园内寻找小红旗；最后，手举红旗与革命烈士纪念碑进行合照。

留言墙

彭水自治县烈士陵园大门

彭水自治县在"9·30"烈士纪念日组织各界人士代表开展烈士纪念活动

NO.89·彭水自治县烈士陵园

路线推荐

路线1

路线推荐

聂荣臻元帅陈列馆

喻茂坚纪念馆

大足石刻艺术博物馆

路线 2

重庆白鹤梁水下博物馆

四川红军第二路游击队罗云烈士陵园

丰都县革命烈士纪念馆

忠县白公祠

路线推荐

路线推荐

路线3

重庆三峡移民纪念馆

刘伯承同志纪念馆

巫山博物馆

城口县红军纪念公园

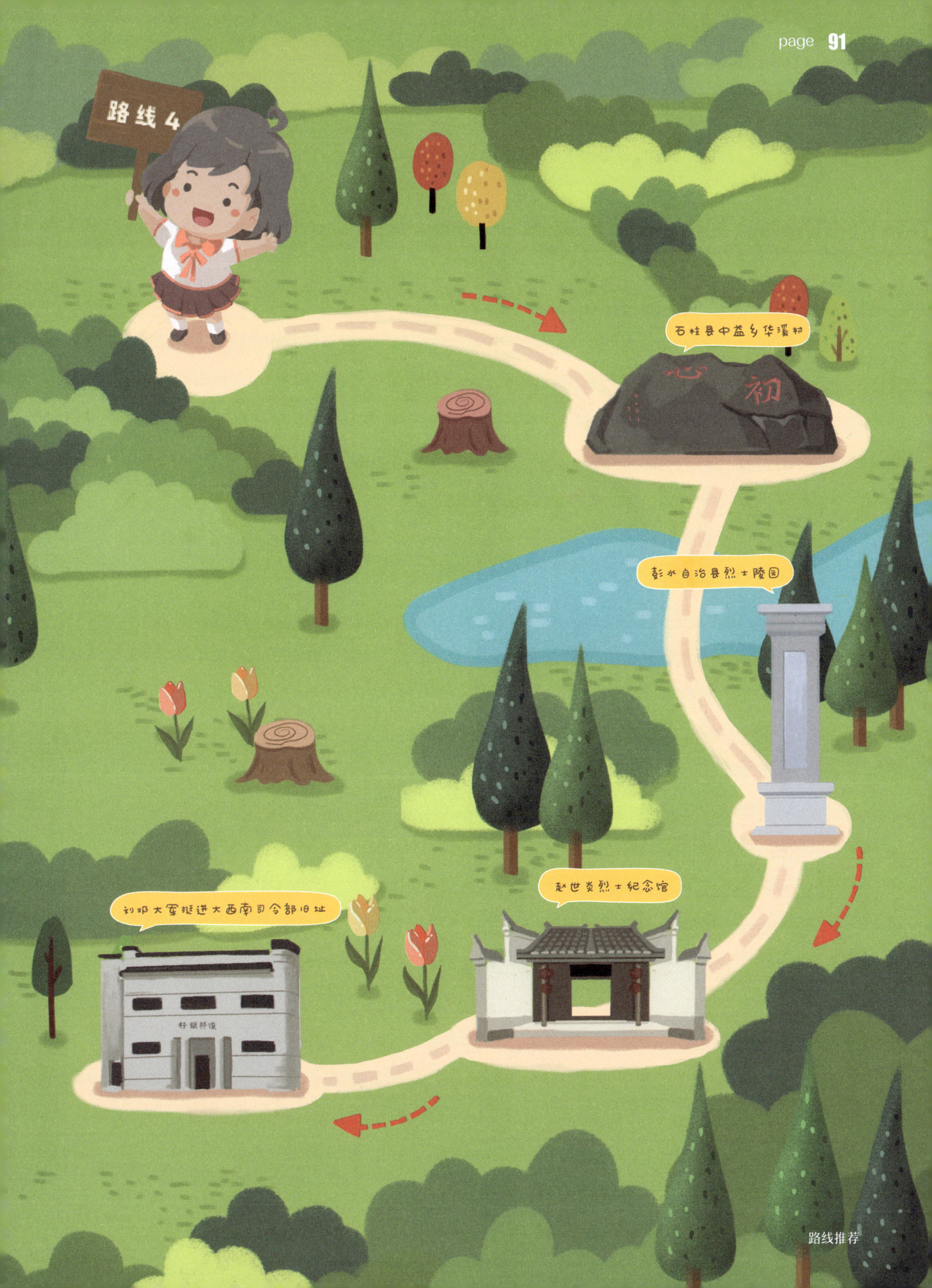
路线4
石柱县中益乡华溪村
心
初
彭水自治县烈士陵园
赵世炎烈士纪念馆
刘邓大军挺进大西南司令部旧址

后 记

本书由中共重庆市委宣传部组织编写。姜辉同志对编写工作高度重视，作出批示指示要求；曹清尧同志多次提出指导意见；马岱良同志主持编写工作，对稿件审核把关。吴辉、万念平、何涯、卞明高、魏国、范伟、江涛、樊云隆、钟海粒、王德雳、舒利娜、向雪东、刘思雯、罗鉴益等同志承担了具体编辑工作。

本书在编写过程中，得到了各区县（自治县）党委宣传部和市级有关部门及专家学者的大力支持，特别是中共重庆市委党史研究室、重庆中国三峡博物馆、重庆红岩联线管理中心、重庆特园民主党派历史陈列馆以及各级爱国主义教育基地的有关专家提出了宝贵意见，同时，也借鉴了相关党史文献资料，在此一并表示感谢。

从资料收集到出版面世，时间仓促，加之水平有限，纰漏在所难免，恳请读者指正，以便修订。

编者

2023 年 5 月

打击乐器

(上)

重庆参国王大新编委会

打 卡 护 照
PASSPORT

CHONGQING PATRIOTISM EDUCATION BASE

姓名　　　　　　性别

年龄

首次打卡日期　　出发地点

完成打卡日期

HONG SE YIN JI <<<<<<<<<<<<<<<<<<<<<<<<<<<<<< PASSPORT <<<<<<<<<<<<<<<<<<<<<<<<
<<<<<<<< XUN FANG CHONG QING AI GUO ZHU YI JIAO YU JI DI <<<<<<<<<<<<<<<<<<<<<<

护照使用说明

　　同学们，跟着书本去打卡咱们重庆的爱国主义教育基地吧！每个基地都设置有好玩儿又有意义的打卡任务，请你速速去体验完成，有双重惊喜等着你哦！

惊喜 1

完成打卡任务后，带上护照到基地前台或服务中心，就可以盖上一枚独一无二的基地纪念印章！

惊喜 2

每个季度，我们将抽取若干"小小打卡员"，送出精美礼物一份。并择优在重庆市少先队队报《少年先锋报》上进行展示，到时全市的老师和同学们都将目睹到你的风采。

投稿邮箱： cqagjyjd@yeah.net
所需信息： 姓名、学校、联系电话、打卡照片及感悟

# PASSPORT

44

NO.44
长寿区

ARRIVAL
CHECK DATE

打卡盖章处

狮子滩水电文化展厅

44

45

NO.45

陶行知先生纪念馆

CHECK DATE

ARRIVAL

打卡盖章处

45

PASSPORT

ARRIVAL
CHECK DATE
打卡盖章处

46

NO.46 合川区

金子沱武装起义纪念园

中国集成电路创业史陈列馆

47

NO.47 永川区

集成电路创业史陈列馆

PASSPORT

ARRIVAL
CHECK DATE
打卡盖章处

48
NO.48 永川区

永川区桂山公园革命烈士纪念碑（园）

打卡盖章处
ARRIVAL
CHECK DATE

49

NO.49 南川区

南川区烈士陵园

PASSPORT

打卡盖章处
★★★ ARRIVAL ★★★
CHECK DATE

50

NO.50
綦江区

綦江博物馆

50

RED MARK

51

NO.51 綦江区

綦江石壕红军烈士墓

打卡盖章处

CHECK DATE

ARRIVAL

PASSPORT

52

NO.52 綦江区

CHECK DATE
ARRIVAL
打卡盖章处

王良故居

52

ARRIVAL

CHECK DATE

打卡盖章处

53

NO.53 大足区

大足石刻艺术博物馆

… ★ ARRIVAL ★ …

CHECK DATE

★★★★★ 打卡盖章处 ★★★★★

大足区烈士陵园

打卡盖章处

ARRIVAL

CHECK DATE

55

NO.55 大足区

饶国梁纪念馆

PASSPORT

56

NO.56 铜梁区

重庆铜梁区博物馆

56

打卡盖章处
★★★ **ARRIVAL** ★★★
CHECK DATE

RED MARK

打卡盖章处

CHECK DATE

ARRIVAL

57
NO.57 潼南区

杨尚昆旧居和陵园

57

PASSPORT

58

NO.58
潼南区

CHECK DATE
ARRIVAL
打卡盖章处

民主革命时期潼南党史陈列馆

58

59

NO.59 雷南区

ARRIVAL
CHECK DATE

打卡盖章处

张鹏翱廉政文化展览馆

PASSPORT

60

NO.60 荣昌区

打卡盖章处
ARRIVAL
CHECK DATE

张培爵纪念馆

60

张培爵

(1876—1915)

★ ARRIVAL ★
CHECK DATE

★★★★ 打卡盖章处 ★★★★

RED MARK

61
NO.61 荣昌区

喻茂坚纪念馆

PASSPORT

62

NO.62
荣昌区

打卡盖章处

★★★ ARRIVAL ★★★

CHECK DATE

荣昌区「红色家园」

62

RED MARK

63
NO.63 涪陵区

重庆白鹤梁水下博物馆

打卡盖章处

CHECK DATE

ARRIVAL

PASSPORT

64

NO.64
涪陵区

四川红军第二路游击队罗云烈士陵园 ————

四川紅軍第二路游擊隊紀念碑

CHECK DATE
ARRIVAL
★★★ 打卡盖章处 ★★★

64

ARRIVAL
★★★ CHECK DATE ★★★

打卡盖章处

65
NO.65 涪陵区

涪陵烈士纪念碑

涪陵区烈士陵园

PASSPORT

66

NO.66
涪陵区

打卡盖章处
ARRIVAL
CHECK DATE

李蔚如烈士陵园

李蔚如

66

ARRIVAL
CHECK DATE

打卡盖章处

67
NO.67 万盛经开区

刘子如纪念地

PASSPORT

打卡盖章处
ARRIVAL
CHECK DATE

68
NO.68
梁平区

梁平区文化遗产保护中心

68

RED MARK

69

NO.69 城口县

打卡盖章处

CHECK DATE

ARRIVAL

城口县红军纪念公园

69

PASSPORT

70

NO.70
城口县

CHECK DATE
ARRIVAL
打卡盖章处

城口县苏维埃政权纪念公园

70

71

NO.71 城口县

城口县红三十三军指挥部旧址

★★★ **ARRIVAL** ★★★

CHECK DATE

打 卡 盖 章 处

PASSPORT

72

NO.72 丰都县

ARRIVAL
CHECK DATE

★★★★★ 打卡盖章处 ★★★★★

丰都县革命烈士纪念馆·

73

NO.73

垫江烈士陵园

打卡盖章处
ARRIVAL
CHECK DATE

PASSPORT

74

NO.74 中县

忠县白公祠

74

打卡盖章处
ARRIVAL
CHECK DATE

打卡盖章处

CHECK DATE

ARRIVAL

RED MARK

75

NO.75 奉节县

彭咏梧烈士陵园

75

PASSPORT

76

NO.76
巫山县

巫山博物馆

76

CHECK DATE
ARRIVAL
打卡盖章处

★★★ **ARRIVAL** ★★★

CHECK DATE

打卡盖章处

NO.77 巫山县

巫山县竹贤乡下庄村

PASSPORT

78

NO.78
巫溪县

★ ARRIVAL ★
CHECK DATE
★★★★★ 打卡盖章处 ★★★★★

巫溪县博物馆

RED MARK

打卡盖章处
ARRIVAL
CHECK DATE

79

NO.79 石柱县

石柱县革命烈士陵园

PASSPORT

80

NO.80 石柱县

打卡盖章处
★★★ ARRIVAL ★★★
CHECK DATE

石柱县中益乡华溪村

80

打卡盖章处

CHECK DATE

ARRIVAL

RED MARK

81

NO.81 秀山县

中国工农红军第三军倒马坎战斗遗址

PASSPORT

82

NO.82 秀山县

ARRIVAL

CHECK DATE

打 卡 盖 章 处

秀山县革命烈士陵园

83

NO.83 黔江区

CHECK DATE
ARRIVAL
打卡盖章处

黔江区烈士陵园

PASSPORT

84

NO.84
黔江区

ARRIVAL
CHECK DATE

★★★★★ 打卡盖章处 ★★★★★

万涛烈士故居

RED MARK

85

NO.85 黔江区

重庆市民族博物馆

85

PASSPORT

86

NO.86
酉阳县

打卡盖章处
★★★ ARRIVAL ★★★
CHECK DATE

酉阳县烈士陵园

86

RED MARK

87
NO.87 酉阳县

打卡盖章处
CHECK DATE
ARRIVAL

刘仁同志故居

PASSPORT

*** ARRIVAL ***

CHECK DATE

打卡盖章处

88

NO.88 酉阳县

南腰界革命根据地

88

89

NO.89 彭水县

彭水自治县烈士陵园

CHECK DATE
ARRIVAL
打卡盖章处

89